O PODER DE UMA VISÃO INSPIRADORA

Odino Marcondes

O PODER DE UMA VISÃO INSPIRADORA

COMO O FUTURO ILUMINA O PRESENTE DAS ORGANIZAÇÕES

hsm

Copyright © 2015 HSM do Brasil S.A. para a presente edição

Coordenação de produção: Alexandre Braga
Edição: Oliva Editorial
Diagramação: Carolina Palharini e Carlos Borges
Capa: Alexandre Braga

Todos os direitos reservados. Nenhum trecho desta obra pode ser reproduzido — por qualquer forma ou meio, mecânico ou eletrônico, fotocópia, gravação etc. —, nem estocado ou apropriado em sistema de imagens sem a expressa autorização da HSM do Brasil.

1ª edição

Dados Internacionais de Catalogação na Publicação (CIP)
Angélica Ilacqua CRB-8/7057

    Marcondes, Odino.
      O poder de uma visão inspiradora : como o futuro ilumina o presente das organizações / Odino Marcondes ; coordenação de Alexandre Braga. — São Paulo : HSM do Brasil, 2015.
      136 p.

    Bibliografia
    ISBN 978-85-67389-56-1

    1. Administração de empresas 2. Planejamento 3. Liderança 4. Estratégia 5. Cultura organizacional I. Título

15-1246   CDD 658
Índices para catálogo sistemático:

1. Administração de empresas

Alameda Tocantins, 125 — 34º andar
Barueri-SP. 06455-020
Vendas Corporativas: (11) 4689-6494

Sumário

Agradecimentos	11
Prefácio	13
Apresentação	16
1. A cultura organizacional	23
1.1. O conceito: cultura é conserva	23
1.2. A formação da cultura	25
1.3. Os ajustamentos e as identidades	26
1.3.1. Cultura forte e cultura rica	29
1.3.2. Um paradoxo: espalhado pelo mundo, mas culturalmente pobre	30
1.3.3. "Zeitgeist": co-opetição com os "frenemies"	32
1.3.4. A força da riqueza	32
1.4. Crescendo longe da árvore	34
1.4.1. Unilever	34
1.4.2. ItaúBBA	34
1.4.3. Samsung	35
1.5. A cultura e a estratégia	36

2. Marco filosófico ... 43
2.1. A visão do futuro ... 45
2.1.1. Criando o futuro e enterrando o passado com honras militares ... 46
2.2. Uma visão perfeita ... 49
2.3. Outra visão de futuro exemplar ... 50
2.4. A visão do futuro na literatura ... 52
2.4.1. Grandes líderes visionários ... 55
2.5. A missão ... 58
2.5.1. Algumas missões bem definidas ... 59
2.6. Visão e missão – como elas se relacionam ... 59
2.7. Os valores ... 60
2.8. Valores e comportamentos ... 62
2.8.1. *Dos* e *don'ts* ... 63
2.8.2. Quantos valores ... 63
2.9. Marco filosófico – uma declaração formal ... 64
2.9.1. Os muitos presidentes de uma empresa: o estratégico e os operacionais ... 67
2.9.2. As tentações e as oportunidades do caminho ... 68
2.9.3. O processo de formulação de um marco filosófico ... 69
2.9.3.1. Os três critérios ... 72
2.9.3.2. Uma decisão concordante ... 72

3. Pesquisa ... 74
3.1. Modelo adotado: 7 níveis de consciência corporativa ... 75
3.2. Visão do futuro – análise dos resultados ... 80
3.2.1. Análise das visões ... 80
3.2.2. A era do umbigo ... 80
3.2.3. No princípio... é o substantivo ... 81
3.2.4. Prazo de validade: como o do vinho – indeterminado ... 82
3.2.5. Tamanho é documento: small is very, very beautiful ... 82
3.2.6. Tensão interna – o desafio para o estrategista ... 83
3.2.7. Quem está dentro ... 84
3.3. Missão – análise dos resultados ... 85
3.4. Valores – análise dos resultados ... 85

3.5. Valores & visões – o alinhamento ... 87
3.6. Wishful thinking ... 90
3.7. As melhores empresas do Brasil ou as melhores empresas para o Brasil®? ... 92
3.8. O marco filosófico e os stakeholders ... 94
3.9. Os valores dos líderes brasileiros ... 95
3.9.1. Valores pessoais ... 96
3.9.2. Cultura atual ... 98
3.9.3. Cultura desejada ... 99
3.9.4. Valores potencialmente limitantes ... 99
3.9.5. Dilemas éticos ... 100

4. A cultura do erro ... 103
4.1. Perdidos no centro-oeste – a arrogância do comandante ... 105
4.2. Voo 447 ... 106
4.3. Como lidar com semideuses ... 107
4.4. Espectro de razões para os erros ... 108
4.5. Aprendendo com os erros dos outros ... 111
4.6. "A solução é errar" ... 112
4.6.1. "Erre dentro da norma, mas não acerte fora dela" ... 113
4.7. A ética transgressora ... 117

5. A cultura e a internet das coisas ... 120
5.1. Você negocia muito? Mau sinal: você só negocia por que não confia ... 123
5.2. Como construir parcerias que funcionam ... 124
5.3. O marco filosófico cumpre realmente seu papel? ... 126
5.4. O que querem as pessoas realmente? ... 128
5.5. Os sonhos brasileiros ... 130

Conclusão ... 133

Bibliografia ... 135

Agradecimentos

Muitas pessoas contribuíram para que este livro fosse escrito.
Gostaria que agradecer à: Françoise Trapenard, que ao ler a primeira versão me estimulou a prosseguir e ampliar a abordagem.

Alexandre de Barros e Fábio Zalaquett contribuíram com informações sobre suas antigas organizações.

Adriana Chaves compartilhou importante pesquisa sobre executivos brasileiros.

Renata Marcondes foi uma leitora crítica e generosa.

Anaelse Oliveira, Gerente de Comunicação Corporativa da Volvo, me forneceu informações importantes sobre a visão do futuro da empresa.

Aguinaldo Nery, Fábio Colaferro, Mario Marrey, Glaucimar Peticov e Denise Moraes compartilharam suas visões sobre normas & valores.

Luciana Mendes Berlofi contribuiu com a sua experiência na prevenção de erros em hospitais.

Inês Medeiros me estimulou desde o início, cobrou disciplina e ritmo, leu criticamente todas as versões.

Finalmente, agradeço a Ane Araujo, minha leitora mais estimulante, uma *sparring* exigente e desafiadora. Sem ela, eu não teria ido tão longe.

Prefácio

Quem é você? Por que você está aqui? Qual é seu propósito? Estas são as primeiras questões para as quais queremos respostas, antes de iniciar um relacionamento com pessoas desconhecidas. Uma vez que tenhamos as respostas para essas perguntas, gostaríamos de saber sobre os princípios e valores de vida delas: o que é importante para elas e o que impulsiona seu comportamento. As respostas que elas dão nos dizem qual é sua identidade: pelo menos a identidade que elas querem projetar no mundo.

Em seguida, nós observamos como essas pessoas agem, para nos certificarmos de que o comportamento delas está alinhado com seus princípios e valores. Se estiverem, sentimo-nos seguros; acreditamos que poderemos estabelecer um relacionamento pleno com elas. Prosseguimos com cuidado, fazendo a manutenção, até chegar a um ponto em que sentimos que podemos, de fato, confiar nelas.

Mas se o comportamento delas não estiver alinhado com seus valores, ou seja, se elas não agem como dizem que são, damos um passo atrás e refletimos até que ponto podemos confiar nelas, questionando sua autenticidade: recuamos em nosso compromisso para com elas.

O mesmo é verdadeiro para os colaboradores e os clientes das organizações.

Os colaboradores querem saber se podem confiar nos seus gestores. Eles querem saber se, ao se comprometer com a organização, seus esforços serão reconhecidos e recompensados. Eles querem saber que serão tratados de forma justa. Eles querem saber se sua lealdade será retribuída e, se permanecerem na organização, se poderão crescer e se desenvolver. Quando são capazes de estabelecer tal relação, os colaboradores sentem um forte senso de compromisso. Eles farão esforços adicionais para servir à organização e dedicarão toda a energia necessária para fazer com que o trabalho seja concluído.

Os clientes também querem saber se podem confiar na organização: se podem confiar nos produtos e nos serviços dela. Os clientes querem saber que cada produto que compram fará o que a organização diz que ele vai fazer; que ele não vai quebrar, pelo menos durante seu período de garantia, e que se isso acontecer, ele será substituído imediatamente. Assim como os colaboradores, os clientes se preocupam em garantir que suas necessidades sejam satisfeitas. Quando suas necessidades são atendidas pela organização, eles provavelmente tornam-se clientes habituais.

O que tudo isso significa é que a compreensão das necessidades dos colaboradores e clientes é fundamental para a construção de uma organização de sucesso. Se você não entender o que seus colaboradores e clientes querem, você não pode construir uma relação forte e duradoura com eles.

É exatamente aqui que entram a visão, a missão e os valores. Sua visão, missão e valores constituem sua identidade. Vistos a partir da perspectiva dos seus colaboradores, sua visão, missão e valores representam a cultura que você deseja criar. Sob a ótica dos clientes, sua visão, missão e valores representam a marca que você deseja criar.

Lá se foram os dias em que você podia construir uma marca que parecesse diferente da sua cultura. Hoje, há transparência demais no mundo para se viver uma mentira. O comportamento imoral ou inautêntico tira proveito dos meios de comunicação e pode arruinar sua reputação ou sua organização da noite para o dia. A construção da confiança requer muito tempo, mas basta um curto período de tempo para perdê-la.

Isso é algo que Odino Marcondes entende profundamente. Anos de muito trabalho e experiência prática lhe ensinaram essas verdades. Ele sabe como construir organizações de sucesso, porque é capaz de criar uma cultura forte, onde os colaboradores estejam dispostos a fazer um esforço extra para garantir que seus clientes fiquem encantados. Ele sabe que a construção de uma cultura forte é a chave para erguer uma marca forte.

Eu recomendo este livro para quem se preocupa com a construção de uma organização bem-sucedida.

Richard Barrett
Londres, julho 2015.

Apresentação

"– O que sustenta a visão da sua empresa?
– Um prego."
AUTOR DESCONHECIDO

Há décadas, venho assessorando empresas na formulação e/ou revisão do seu marco filosófico – a visão de futuro, a missão e os valores declarados. Então meu olhar ficou bastante seletivo: todas as vezes que visito uma empresa, busco sempre a parede onde normalmente está pendurado o quadro ou o banner com a declaração da ideologia central da empresa. Nessas ocasiões, é inevitável pensar que se a recepcionista pede a minha identidade, a empresa está também mostrando a sua. Estamos, portanto, num processo de apresentação mútua.

Ao ler o quadro, sempre questiono se o enunciado:
a) Tem qualidade técnica; se ele comunica de forma clara e inequívoca a visão ou o propósito da organização;
b) É suficientemente mobilizador: ele toca as pessoas no plano emocional? É capaz de fazer com que elas se motivem a realizá-lo; e
c) Se corresponde, de fato, à cultura real daquela empresa.

Apresentação

A partir daí meu olhar se direciona para os símbolos visíveis da cultura − arquitetura, leiaute, vagas privativas no estacionamento, vestuário dos funcionários etc. − e o comportamento das pessoas, para verificar a congruência entre o enunciado e aquilo que é realmente praticado naquela cultura.

Minhas dúvidas se justificam: mais de uma vez me disseram que aquele enunciado *veio da matriz*, e que eles apenas o colocaram na parede, evidenciando que aquele retrato não correspondia à cultura daquela unidade.

A frequência com que me deparo com declarações vazias, repetitivas e pouco inspiradoras me estimulou a realizar uma pesquisa sobre os marcos filosóficos das empresas brasileiras. Como fonte de referência, utilizei a edição de 2013 da *Exame Melhores & Maiores do Brasil*. Busquei nos sites das empresas as declarações de visão, missão e valores. Para atingir 100 marcos filosóficos tive que estender minha busca até a 140.ª empresa, pois nem todas as 100 primeiras declararam seus marcos filosóficos, e muitas não definem os três componentes do MF − visão, missão e valores.

À medida que o estudo avançava, senti necessidade de ampliar conceitualmente seu escopo, além de incluir o relato de outras experiências que tive como consultor de empresas em processos de transformação cultural.

A experiência me mostrou que o processo de definição de um marco filosófico envolve muito mais do que o conhecimento técnico e o domínio conceitual de cada um dos seus componentes. Dependendo da maneira como esse *processo* é conduzido, quando os líderes se reúnem para definir a visão, a missão e os valores da sua organização, eles inevitavelmente se confrontarão com suas próprias crenças e com as práticas da sua empresa. No tópico 6.9.5. *Dilemas éticos*, relato uma experiência de confronto de um grupo de executivos com seus valores e o consequente desconforto ao descobrirem que, na abordagem que eu estava utilizando, não bastava escolher alguns valores e declará-los imediatamente como os valores centrais da sua empresa.

No passado, sem os recursos de que hoje disponho, não dei a devida importância a essas questões. Assim, acredito que contribuí para a definição de bons MFs, mas o processo do qual eles resultaram não atendeu às condições requeridas para que fossem a expressão concordante de um grupo de líderes em torno de valores, ideais e uma filosofia.

Insatisfeito e com base nessas experiências, formulei uma abordagem que considero *heterodoxa*. Uma interpelação ortodoxa acelera o processo de definição do MF na crença de que basta definir o rumo do barco que a tripulação embarcará e cumprirá seu papel com vigor e energia. Para mim, o processo começa por trabalhar primeiro as relações entre os líderes-tripulantes, deixando para depois a definição do direção do barco. Metaforicamente, é como se embarcássemos a tripulação e, com o barco em movimento, definíssemos o rumo dele. Quando faço essa proposta para as pessoas e as questiono se entrariam em um barco sem saber a direção dele, a maioria responde de pronto que não. Depois, refletindo um pouco, muitos ressalvam: *se eu conhecer a tripulação...* Portanto, esse é o princípio: construir primeiro uma base de confiança entre os líderes, depois definir o rumo do barco.

Aqui tenho, frequentemente, a maior resistência por parte dos líderes. Profissionais orientados para a ação, eles repetidamente acham desnecessário passar dois, três dias tratando das suas relações. Ficam ansiosos e impacientes. Com o tempo, entendem a importância do investimento do tempo na construção dessas bases relacionais e da sua relevância para a produção de um MF que, por ser a melhor expressão de quem eles são, não vai ficar apenas enfeitando as paredes.

Assim nasceu este livro, que pretende ser uma visão crítica de uma prática organizacional generalizada: a maioria das empresas define, em algum momento da sua vida, o que elas querem ser, como pretendem chegar lá e quais são os valores que elas pretendem usar para suportar o comportamento dos seus líderes e colaboradores.

O PLANO DA OBRA

No capítulo *1. A cultura organizacional*, procurei conceituar a cultura organizacional fazendo uma analogia: comparando uma organização com uma conserva de alimentos, daí derivando a expressão *conserva cultural*. Analiso também o processo de formação da cultura, especialmente por meio do papel dos fundadores. Usei dois conceitos correlatos, normalmente aplicado às pessoas – ajustamento primário e secundário e identidade vertical e horizontal – para explorar a influência do fundador na formação da cultura e as pressões que as pessoas sofrem quando entram na conserva cultural. Os mesmos conceitos foram empregados para ilustrar três casos: dois em que unidades de negócio foram mantidas "longe da árvore" para crescerem sem a influência da conserva cultural principal; e um em que um jovem CEO está às voltas com a forte identidade da sua organização.

Em *1.5 A cultura e a estratégia*, a partir de um caso real, exploro a relação entre a cultura e o negócio, mostrando o que ocorre quando a cultura não suporta a estratégia. Utilizo um referencial – força motriz – como uma chave para entender a estratégia e analisar o que ocorreu com o capitalismo nas últimas décadas e de como ele redesenhou a cultura de todas as organizações.

No capítulo *2. Marco filosófico* exploro o conceito de *visão do futuro*, sua função, sua estrutura, tamanho e componentes. Analiso dois casos – o da Kodak e o da indústria automobilística. Ilustro com dois exemplos de visões tecnicamente bem definidas. Apresento uma análise de um trecho de uma das mais famosas peças históricas de William Shakespeare – *Henrique V*: o discurso que ele faz antes da Batalha de Azincourt, em que formula a visão poderosa e arrebatadora que levou os ingleses a uma vitória absolutamente improvável contra os franceses, dado o enorme desequilíbrio de forças.

Apresento também outros líderes que passaram para a história por conciliarem uma visão ao mesmo tempo otimista e realista da situação: Churchill, Almirante Stockdale, Victor Frankl, Sir Ernest Shackleton.

Conceituo *missão*, sua estrutura e público ao qual é direcionada, exemplificando com casos de missões bem definidas.

Analiso a relação entre visão e missão, como elas se complementam e exploro um teste simples, mas eficiente, para verificar a congruência entre elas.

O terceiro componente do MF, *os valores*, são o elemento comum e invisível das comunidades que operam bem em conjunto. Quando existem e são comuns, geram confiança e reduzem a burocracia. Mas muitas vezes eles não são traduzidos em comportamento, o que permite muitas interpretações. Para resolver isso, exploro a prática de algumas empresas que traduzem seus valores em *dos* e *don'ts*. Outro ponto polêmico tratado é a quantidade de valores que a empresa deve declarar.

Analiso o marco filosófico como uma declaração formal, cujos componentes sempre estiveram presentes em toda obra ou ação humana. O crescimento das organizações, com o consequente aumento da distância da figura do fundador, exigiu uma formalização dessas referências para que todos tivessem a mesma informação. Exploro duas tomadas de decisão baseadas unicamente em valores e complemento com uma provocação: quantos presidentes tem uma empresa?

Trato também da importância do marco filosófico para lidar com as tentações que surgem pelo caminho.

Detalho o processo de formulação do marco filosófico, enfatizando que ele não pode ser um mero cumprimento de obrigação, antes é um duro e, às vezes, sofrido processo de reflexão e revisão crítica de valores e crenças. Sugiro uma metodologia para o processo de tomada de decisão sobre o marco filosófico.

Nesse capítulo apresento o resultado da pesquisa *"As melhores e maiores empresas e seus marcos filosóficos"*. Exploro inicialmente o modelo de análise adotado, Níveis de consciência corporativa, desenvolvido por Richard Barrett. Cada um dos 7 níveis é conceituado.

Na análise dos resultados, a pesquisa mostrou que a maioria das empresas está olhando *só* para o próprio umbigo. As visões são mal redigidas, contêm elementos estranhos no seu corpo, são longas, não são estimulantes e não contemplam os stakeholders adequados.

Da mesma forma, as missões não contemplam os stakeholders a elas vinculados. Muitas seriam boas visões, o que evidencia uma questão conceitual muito comum: a confusão entre elas e as frequentes inversões de posição na hierarquia do marco filosófico.

Foram quantificados os valores mais frequentes nos MFs e comparados com as visões. Fiz também uma análise dos valores e de como eles são tipicamente uma expressão de um tipo de pensamento: o *wishful thinking*.

Analisei os MFs e como eles contemplam os três stakeholders principais: o cliente, o acionista e os colaboradores.

Como a pesquisa foi feita com as declarações das empresas, resolvi investigar os valores dos líderes brasileiros, baseado em milhares de IVA – Individual Values Assessment – que temos na nossa base de dados. Ao cruzar os dados, comprovei que a visão dos líderes sobre as organizações coincide com a que cheguei a partir da análise dos marcos filosóficos. Apresento uma breve análise de uma pesquisa sobre a Empresa dos sonhos dos executivos. Explorei um caso real para tratar do dilema ético a que são submetidos os executivos quando formulam um MF.

Em *4. A cultura do erro*, analisei dois graves acidentes aéreos que podem ser atribuídos – entre outras causas – à forma com as organizações lidam com o erro. Em um deles, o comandante esconde seu erro até o fim, causando a morte de muitas pessoas. Em outro, a análise é sobre o impacto das novas tecnologias na operação de aviões e o despreparo das tripulações para lidar com os problemas. Exploro a cultura do erro em outro setor crítico: os hospitais. Finalizo o capítulo examinando a função da ética transgressora na crítica e na mudança das normas inadequadas e, muitas vezes, burras.

No capítulo *5. A cultura e a internet das coisas* exploro a ideia de que a tecnologia da informação está revolucionando os produtos, mas pouco se disse até agora sobre o impacto que essa mudança trará na cultura das organizações: a conexão dos produtos exigirá a conexão das empresas, que serão demandadas a operar num nível de parceria muito diferente dos atuais. Usei o referencial dos níveis de consciência de Barrett para mostrar o quanto as empresas terão que mudar suas culturas para poder operar como bons parceiros.

O capítulo termina com uma provocação – "Você negocia muito? Mau sinal: você só negocia por que não confia" – e um desafio – como construir parcerias que funcionam.

Em *5.3 O marco filosófico* cumpre realmente seu papel?, exploro os resultados de uma pesquisa feita pelo Instituto Gallup, nos Estados Unidos, sobre o papel da missão na motivação dos trabalhadores. Faço uma análise comparativa entre os níveis de consciência do Método Barrett e um dos mais importantes teóricos sobre a motivação humana, Frederick Herzberg, conhecido por distinguir fatores de higiene e de motivação. Finalizo com uma reflexão sobre as poucas e mobilizadoras visões na história brasileira.

I
A cultura organizacional

1.1 O CONCEITO: CULTURA É CONSERVA

Foi no início da década de 1980, quando estava fazendo minha formação como psicodramatista na *Role Playing* que ouvi, pela primeira vez, a expressão *conserva cultural*, criada por Jacob Levy Moreno, pai do psicodrama.

Segundo esse conceito de cultura, todas as organizações e instituições, de qualquer natureza, são conservas culturais. E o são na medida em que as soluções que elas vão desenvolvendo e que funcionam tendem a ser conservadas.

Desde então, venho usando a expressão associando o fenômeno à conserva de alimentos, os picles. A analogia tem feito sucesso entre as pessoas pela facilidade de entendimento do processo de formação de uma cultura. Primeiro temos o recipiente: normalmente um vidro de boca larga, na qual estão localizados os filtros. Estes funcionam nos dois sentidos. No primeiro deles: a entrada de pessoas é sempre filtrada – os processos de seleção. E aqui vai uma provocação: quem me filtra foi filtrado por esse mesmo filtro – entram facilmente na conserva as pessoas que "têm a nossa cara". O que é bom por um lado – o alinhamento de valores, por exemplo –, e perigoso por outro – a baixa diversidade.

Uma vez dentro da conserva, há uma pressão sobre os membros para adotar o comportamento, valores e crenças que deram certo e que formam a identidade daquela organização. Da mesma forma que os diferentes legumes, com pHs diferentes, tendem à homogeneização após algum tempo dentro do vidro, as pessoas sofrem as mesmas pressões para comportar-se de acordo com as expectativas daqueles que já estão dentro da conserva.

Para Marco A. Oliveira (2009), "mesmo indivíduos de personalidades muito distintas entre si, vindos de ambientes que nada tem a ver uns com os outros e trazendo ideias estranhas para um ambiente comum, tenderão a formar algum embrião de cultura, caso se dê a esse grupo o tempo, a intensidade da convivência e o isolamento necessários"[1].

A outra filtragem acontece de dentro para fora: a maneira como a empresa vê o mercado e trata seus clientes. O filtro pode estar limpo e translúcido e, portanto, vai determinar um tipo de olhar para fora. Por outro lado, pode estar contaminado por certas crenças e valores e distorcer completamente a percepção do meio externo. Para algumas organizações, o cliente é um chato e elas passam a impressão de que o mundo seria melhor se eles não existissem. A arrogância é a marca de muitas empresas, porque é assim que seus funcionários se comportam em relação aos seus clientes, fornecedores e parceiros.

O fato é que não podemos nos livrar delas: sempre estamos dentro de várias conservas culturais, simultaneamente – a família, a escola, o clube, a igreja, a empresa, o sindicato etc. Em cada uma delas temos papéis e atendemos a um conjunto de exigências.

Entre as diferentes características das conservas, aquela que mais as distingue é o nível de capacidade que elas têm de interagir com o meio ambiente: algumas são quase impermeáveis às influências externas; outras fazem trocas mais frequentemente com o mundo,

---

1. OLIVEIRA, Marco A. *A face oculta da empresa* – Como decifrar e gerenciar a cultura corporativa. Rio de Janeiro: Senac Editora, 2009.

pela entrada – e a saída – de pessoas, especialmente aquelas que têm o poder de mudar o pH: os líderes.

Conheço as limitações das analogias. Entretanto, elas são bons recursos didáticos e, ainda que algumas pessoas sejam chamadas de "pepinos", a dinâmica do relacionamento entre pessoas é tremendamente mais complexa do que supõe a sua comparação com uma conserva de alimentos.

1.2 A FORMAÇÃO DA CULTURA

> "Uma empresa transforma-se numa cultura, cria sua maneira de ser, pensar, no processo de se constituir como um grupo organizado de pessoas em busca de um fim."[2]

Segundo Maria das Graças Pinho Tavares, o processo de transformação da empresa em uma cultura é resultado das escolhas feitas pelo(s) o(s) fundador(es): os produtos que vão produzir, a maneira como serão produzidos, os mercados em que vão atuar, a tecnologia que vão empregar, o tipo de pessoas que vão contratar, a forma como elas se relacionarão, a maneira como vão organizar o trabalho, os processos que vão adotar, a forma como vão se relacionar com todos os seus stakeholders etc.

Com exceção das subsidiárias de organizações maiores, que já nascem organizadas e estruturadas, a maioria das empresas vai se constituindo *no próprio jogo de fazer cotidiano*. São as questões de ordem prática que produzem respostas que se transformam em regras, padrões de comportamento e a ética da organização.

Assim, o comportamento do fundador, suas crenças, suas preferências pessoais – idiossincrasias – acabam se constituindo muitas vezes em verdadeiros dogmas e leis organizacionais – escritas ou não.

A força desse modelo é ilustrada por inúmeros casos de empresas em que as idiossincrasias do fundador permanecem modelando o

---

2. PINHO TAVARES, Maria das Graças. *Cultura organizacional* – Uma abordagem antropológica da mudança. Rio de Janeiro: Qualitymark Editora, 1991.

comportamento das pessoas, anos após sua morte. Figuras como Amador Aguiar (Bradesco) e Sebastião Camargo (Camargo Corrêa), por exemplo, continuam "vivas" nas empresas que fundaram. A permanência da cultura que eles criaram ocorre porque seus sucessores, alinhados em torno das mesmas crenças, mantêm muito do comportamento do fundador.

Quando crescem, as organizações se profissionalizam e se multiplicam em unidades espalhadas geograficamente e o comportamento visível do fundador já não dá mais conta de disseminar a cultura da organização. Com o crescimento, as pessoas já não têm mais o contato direto com ele. É preciso alinhar milhares de pessoas, espalhadas por centenas de locais de trabalho, em torno de um ideário.

Quando a organização deixa de ser empresa de dono, também é preciso informar os stakeholders sobre sua identidade e o que eles podem esperar dela: quais são seus compromissos com a qualidade dos produtos e serviços, com a sustentabilidade, com a rentabilidade etc. Portanto, a comunicação deve ser dirigida para o público interno e para o externo também.

Para o público externo, a propaganda sempre incluiu slogans[3], a maioria exaltando qualidades e atributos dos seus produtos. Outros slogans expressavam mais enfaticamente os valores da cultura organizacional.

Um dos exemplos mais interessantes era o slogan da Sears: *satisfação garantida ou seu dinheiro de volta*, que já na década de 1950 embutia um conjunto de valores que antecipou em vários anos o Código de Defesa do Consumidor. Para o cliente da Sears, o slogan significava, simultaneamente, que a empresa se preocupava não apenas em vender, mas em satisfazer as necessidades dos seus clientes; e que trataria as eventuais reclamações sem burocracia ou desconfiança – o que não era pouco, numa época no Brasil em que imperava a burocracia e era enorme a complicação para o consumidor, quando ele tentava exercer seus direitos.

---

3. Originariamente a palavra slogan vem do gaélico, língua falada pelo povo celta, e significava "grito de guerra".
4. SOLOMON, Andrew. *Longe da árvore* – pais, filhos e a busca da identidade. São Paulo: Companhia das Letras, 2013.

1.3 OS AJUSTAMENTOS E AS IDENTIDADES

Em sua obra *Longe da árvore* – pais, filhos e a busca da identidade[4], Andrew Solomon utiliza os conceitos de identidadevertical e identidade horizontal. O primeiro (identidade vertical) indica o conjunto de características herdadas dos nossos pais: cor da pele, dos olhos, idioma etc. Já o segundo (identidade horizontal), são todos os elementos que nós mesmos vamos incorporando:

> (...) característica nata ou adquirida que é estranha aos pais e deve ter sido trazida por outros pares. Essas identidades horizontais podem refletir genes recessivos, mutações aleatórias, influências pré-natais ou valores e preferências que a criança não compartilha com seus pais. Homossexualidade é uma identidade horizontal; a maior parte das crianças gays é nascida de pais heterossexuais (...).

Acredito que esses conceitos são também aplicáveis à cultura organizacional. Assim, a identidade vertical de uma empresa é constituída pelas crenças do seu fundador, que permanecem influenciando o comportamento das pessoas ao longo do tempo. Já a identidade horizontal é constituída: a) pelos valores daqueles que se agregaram à cultura ao longo da sua existência e contribuíram para modificá-la; e b) pelos contínuos ajustes que ela tem que fazer com o meio ambiente. No primeiro caso, a incorporação pode se dar pela contratação de pessoas, mas também pelas fusões e incorporações. No segundo caso, as pressões do mercado, mas também, a expansão para outras regiões, países e continentes são fortes determinantes de ajustes culturais.

Tal como na relação entre pais e filhos, o desenvolvimento da organização – e a sobrevivência dela no mercado – serão determinados pela capacidade dos líderes em administrar a tensão existente entre as duas formas de identidade. Ambas estarão em um embate permanente. A cada elemento novo introduzido na conserva cultural, torna-se maior a tensão, com este querendo influenciar os outros na adoção dos seus valores e vice-versa.

A maior diversidade cultural é dada pela identidade horizontal. Tal como a vida daqueles que saem de suas conservas e se dispõem a interagir com outras culturas, as empresas podem se beneficiar da presença de elementos culturais diversos. Uma distribuição mais igualitária das mulheres nas organizações, especialmente em posições de liderança; o aumento do número de minorias no ambiente de trabalho; a inclusão de deficientes; o aumento do número de expatriados, etc.; essas são oportunidades de enriquecimento cultural, com consequências diretas nos resultados das empresas.

Outra oportunidade importante de enriquecimento cultural se dá frente a desafios importantes: como a organização vai operar no exterior: por meio de *joint ventures*? Com operação própria? Levará seus próprios executivos ou contratará nativos? Em seu livro *Confiança* – as virtudes sociais e a criação da prosperidade, Francis Fukuyama[5] explora como a confiança é fundamental para o desenvolvimento de um país ou de uma organização. Isso inclui a decisão de internacionalizar-se ou de ficar nos limites conhecidos do país de origem, o que equivale a dizer: manter-se nos limites da sua identidade vertical ou sair para o mundo enriquecendo a identidade horizontal.

Operar em muitos países exige a delegação de poderes para os dirigentes locais. A confiança é a condição requerida para efetuar a delegação, e sua importância cresce quando aquele que vai receber o poder delegado está a milhares de quilômetros da sede da empresa. Para nós, essa questão tem raízes culturais profundas; no Brasil muitos ainda acreditam que *é o olho do dono que engorda o boi*. Quem tem essa crença acha que o controle é melhor do que a confiança. No plano organizacional, essas questões são tratadas com a criação de áreas de *compliance*, a definição de códigos de ética e de modelos de governança, que são também mecanismos de controle.

O sentimento de confiança tem uma condicionante e uma implicação: eu não consigo confiar em alguém se não confiar

---

5. FUKUYAMA, Francis. *Confiança* – as virtudes sociais e a criação da prosperidade. Rio de Janeiro, Rocco, 1996.

primeiro em mim − autoconfiança. Por quê? Porque o outro pode me trair. Portanto, quando confio em alguém, antes confiei em mim mesmo, na minha capacidade de suportar uma traição. Há riscos, portanto.

O processo relacionado à confiança é complexo porque, ao confiar em alguém, não controlo todas as forças que vão atuar sobre ele ou ela. Todos nós estamos sempre no centro de um campo de forças, cada uma delas pressionando para ter os interesses atendidos. Essas pressões podem levar alguém a não cumprir o prometido. Portanto, confiança e traição andam juntas: uma só existe por que a outra também está presente. Quando confio, tenho que contemplar a possibilidade de ser traído.

A confiança frequentemente esbarra em limites: até onde as pessoas resistirão às pressões para manter a palavra dada ou adotar o comportamento esperado? A versão popular desse drama é expressa na crença de que *"todo mundo tem seu preço"*. A propósito, existe uma história que teria acontecido durante a ditadura Vargas, que ilustra como alguém lidou com a pressão: o chefe da Alfândega do Rio de Janeiro teria mandado um telegrama para o ditador, dizendo: *"chefe, me tira daqui por que eles estão chegando no meu preço"*. O recado era claro: não vou resistir por muito tempo.

Um outro e instigante olhar nos é dado pelo dramaturgo Nelson Rodrigues (1912-1980). Em 1957, ele escreveu uma tragédia de costumes em três atos, cujo título revela o quanto ele conhecia a alma humana: *Perdoa-me por me traíres*. A noção de que posso ser responsável por uma traição feita a mim é surpreendente para a maioria das pessoas, que, nessa condição, sempre preferem se colocar como vítimas.

1.3.1 CULTURA FORTE E CULTURA RICA

Nas análises sobre a cultura das organizações, é frequente o uso do adjetivo *forte*. Tal como as pessoas se referem à personalidade de alguém: *forte*. A cultura forte é a que tem *predomínio* da identidade vertical. Isso ocorre quando as crenças e valores do(s) fundador(es) estão presentes mesmo após sua morte e/ou afastamento da gestão do negócio e se transformaram em valores pessoais para seus sucessores.

Já a cultura rica é aquela em que as crenças e valores dos fundadores foram sendo atualizadas pelo contato com outras culturas. A empresa não perde necessariamente sua essência; entretanto, ela é confrontada com outras experiências, de modo a atualizar-se. Reflexões periódicas entre os líderes são feitas para avaliar se os valores centrais devem permanecer caracterizando a cultura da empresa.

O quadro a seguir procura mostrar as tensões entre as duas modalidades de identidade. Em princípio, quanto mais forte for uma cultura, menos rica ela será, e vice-versa.

Identidades: desafios e tensões

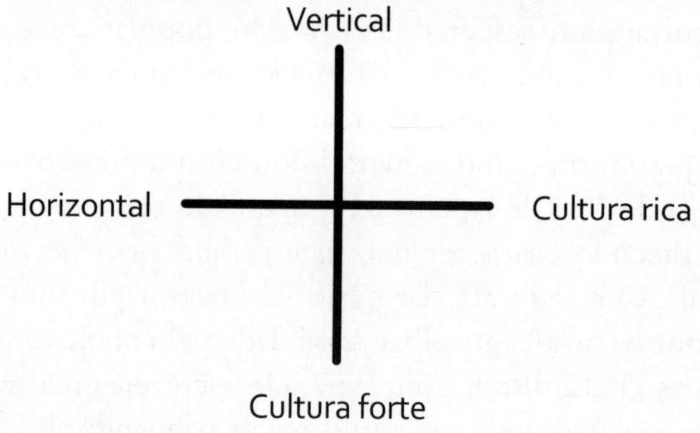

Vertical

Horizontal ———————— Cultura rica

Cultura forte

FIGURA 1 – IDENTIDADES

O ideal é haver um equilíbrio na tensão existentes entre as duas formas de identidades: a vertical mantém a essência; a horizontal, antenada com as mudanças da sociedade, atualiza a cultura, para que a empresa possa dar as respostas adequadas aos desafios do mercado. Exemplo: estudo conduzido pela McKinsey indica que "as empresas com maior diversidade sexual entre os funcionários têm 33% mais chance de alcançar desempenho financeiro acima da média"[6].

---

6. BERGAMO, Mônica. *Folha de S.Paulo*, 30 maio 2015.

1.3.2 UM PARADOXO: ESPALHADO PELO MUNDO, MAS CULTURALMENTE POBRE

O McDonald's sempre teve uma cultura forte, mas não tão rica. É um grande paradoxo, pois ele é a mais onipresente multinacional americana: a maior cadeia mundial de restaurantes de fast-food de hambúrguer, servindo aproximadamente 68 milhões de clientes por dia em 119 países, pelos cerca de 36 mil pontos de venda. Portanto, com tamanha capilaridade, ela tem as condições necessárias para ser uma cultura rica também. Entretanto, seu modelo de negócio é baseado na absoluta padronização dos seus produtos. Nenhum ajustamento é feito em conformidade com as culturas locais.

A padronização não se dá apenas nos produtos, mas também na produção. Um artigo da década de 1970 – *Métodos de linha de produção aplicados à prestação de serviços* – descrevia como o McDonald's tinha conseguido industrializar a elaboração de um sanduíche, garantindo uma uniformidade mundial. O método garantia custos baixos, redução do desperdício e livrava a rede da maior ou menor motivação dos seus funcionários para seguir uma receita. Essa padronização acabou produzindo um resultado surpreendente: como seu sanduíche mais icônico – o Big Mac – é produzido com os mesmos insumos (o McDonald's fornece as sementes da variedade de alface usada nos sanduíches, por exemplo) e a mesma quantidade de mão de obra, ele se transformou em um índice para avaliar a variação do dólar em relação às moedas locais. Convertem o preço local do sanduíche pelo valor do dólar e comparam com os preços em dólar em outros países.

Tudo parecia ir bem até que em 2004 o documentário *Super size me* provocou enorme polêmica ao questionar as qualidades nutricionais dos sanduíches do McDonald's. O filme serviu como um alerta sobre as mudanças que estavam ocorrendo nos hábitos alimentares dos americanos e sinalizava para outros países sobre as tendências que logo os atingiriam.

A resposta do McDonald's foi a introdução de alimentos mais saudáveis no seu cardápio – saladas e frutas –, além de permitir a criação de sanduíches com ingredientes e características locais. A hegemônica cultura McDonald's começou a abrir-se para um ajustamento às culturas locais.

O exemplo do McDonald's é interessante também para revelar traços culturais norte-americanos: muitos deles, quando viajam para o exterior, procuram o conforto dos hambúrgueres conhecidos, em vez de enfrentar ao desafio de entrar em contato com as ricas – porque diferentes – culinárias locais.

1.3.3 "ZEITGEIST": CO-OPETIÇÃO COM OS "FRENEMIES"

The Economist, em artigo publicado em 25/5/2015, afirma que "São cada vez mais incontornáveis as pressões para que as empresas estabeleçam parcerias com seus rivais".

O zeitgeist[7], o espírito do tempo, levou à criação de neologismos para entendermos o que está ocorrendo: frenemies – junção de friend (amigo) com enemy (inimigo) – e co-opetição[8] – junção de cooperação com competição. Esse último é o título de um livro, em que os autores trabalham com a premissa – inspirada em casos reais e antigos – de que as empresas primeiro podem cooperar para criar mercados e, depois, competir para dividi-lo.

Naquele mesmo artigo da The Economist, são listadas as parcerias entre rivais e arquirrivais: Toyota & BMW, Ford & GM, Daimler & Nissan & Renault, Samsung & Apple. Por que essas organizações cooperam umas com as outras? Porque as novas tecnologias, das quais depende o futuro delas, tem custos proibitivos.

No Brasil estamos assistindo a algo impensável há alguns anos: uma parceria entre a Unilever e a P&G, com transferência de tecnologia da primeira para a segunda. Historicamente inimigas figadais, elas se deram conta que é melhor cooperar uma com a outra, no Brasil e certamente também fora dele.

Que tipo de cultura é mais propensa a aproveitas essas oportunidades de parcerias com seus rivais? Aquelas cuja liderança

---

7. Zeitgeist (pronúncia: tzait.gaisst) é um termo alemão cuja tradução significa espírito da época, espírito do tempo ou sinal dos tempos.
8. NALEBUFF, A. M.; BRANDENBURGER, A. M. Co-opetição. Rio de Janeiro: Rocco, 1996.
9. Esta questão será examinada mais detalhadamente no capítulo 3. Pesquisa "As melhores e maiores empresas e seu marcos filosóficos".

não está mais no território do medo[9] e, portanto, pode aventurar-se por territórios de risco. São as culturas ricas.

1.3.4 A FORÇA DA RIQUEZA

Pode haver força na riqueza. Em um célebre estudo realizado em um Centro de Pesquisas da Marinha, à época da Guerra da Coreia, Will Schutz e uma equipe investigaram as variáveis mais contributivas para a formação de um time imbatível. Para isso, testaram o papel do objetivo comum, da diversidade de tipos psicológicos e a abertura nos relacionamentos.

As conclusões mostraram que as pessoas podem realizar grandes obras tendo em comum apenas o objetivo. Já a diversidade de tipos psicológicos é um dado da natureza. Das três variáveis, a pesquisa comprovou que a mais contributiva era a abertura nos relacionamentos. Grupos que eram compostos por pessoas abertas – que expressavam o que sentiam – criavam uma base de confiança que lhes permitia lidar com as divergências referentes aos objetivos, da mesma forma que os instrumentalizava para lidar com as diferenças pessoais.

A diversidade de tipos psicológicos – a riqueza humana – pode ser o céu ou o inferno, dependendo do grau de abertura e confiança existentes para lidar com os diferentes pontos de vista, visões do mundo, valores etc.

Os *extremos rígidos* estão condenados ao desaparecimento. Entre os muitos exemplos de impérios que desapareceram, o que foi criado por Francisco Matarazzo (1854–1937) é o emblema de uma cultura forte, produto de uma identidade vertical rígida. Considerado o pai da revolução industrial brasileira, Matarazzo construiu um império com mais de duas centenas de fábricas espalhadas pelo Brasil. Sua fortuna, calculada em valores atuais, atingiu a cifra de 20 bilhões de dólares, o que o colocava entre os 5 homens mais ricos do mundo à sua época. Morto, foi sucedido pelo seu filho, o Conde Chiquinho que, em 40 anos, entregou os escombros do império – fábricas obsoletas, produtos com baixíssimo valor agregado – para sua filha Maria Pia, que pouco pôde fazer para evitar o desaparecimento do grupo. Do conde dizia-se que tinha urticária quando ouvia falar em tecnologia. Absolutamente formal e rígido no seu comportamento: na sua sala não havia cadeiras para o visitante, que ficava em pé o tempo todo. Elitista, não parava em postos de gasolina: quando ia para sua fazenda, fazia-se acompanhar por um pequeno caminhão-tanque para abastecer seu carro. A identidade vertical era, certamente, muito forte.

1.4 CRESCENDO LONGE DA ÁRVORE

As tensões entre os tipos de identidade podem ser administradas. O desafio de preservar os valores da cultura vertical e, ao mesmo tempo, manter a organização viva e continuamente atualizada pode ser enfrentado como os adolescentes e jovens adultos fazem para reduzir a influência vertical dos seus pais: muitas empresas, quando querem inovar, cuidam para que a força da cultura-mãe seja mantida sob controle: elas buscam crescer longe da árvore.

1.4.1 UNILEVER
Nos anos 1990, a Unilever construiu uma fábrica de detergente em pó em Vespasiano, MG. A localização tinha a ver, principalmente, com questões logísticas: a proximidade com os mercados do Nordeste. Distantes da sede da empresa – mais de 600 km – e de outras unidades similares, os líderes da nova fábrica viram reduzida a influência da cultura vertical e então puderam fazer algumas experiências organizacionais. Assim, as pessoas pensavam duas vezes antes de viajar para lá, deixando que a equipe local fizesse daquela fábrica um verdadeiro laboratório organizacional e tecnológico. Testadas e viabilizadas essas experiências, elas puderam ser, em seguida, disseminadas para outras unidades.

1.4.2 ITAÚBBA
Em 1995, o Banco Itaú adquiriu o controle do Banco Francês e Brasileiro, do qual herdou a marca *Personnalité*, que atendia o segmento de alta renda. Na ocasião, optou por manter a marca e dar a ela autonomia, de modo a diferenciar a marca e a comunicação do varejo tradicional. O resultado foi que o *Personnalité* gerou

resultados significativamente maiores que outros segmentos de pessoa física do banco.

Em dezembro de 2002, o Itaú comprou o controle (96%) do antigo Banco BBA-Creditanstalt (que tinha, como sócio minoritário, um grupo austríaco). Além da mudança no corpo acionário, a nova instituição ganhou o nome de ItaúBBA e tornou-se um braço do banco Itaú Holding Financeira.

A exemplo da experiência bem-sucedida com o Personnalité, o Itaú apartou as operações com grandes empresas e as transferiu para o ItaúBBA, permitindo que ele operasse com as características de uma butique, isolado fisicamente da sede do Itaú e até com CNPJ próprio.

Comparativamente, os resultados do BBA eram melhores do que os obtidos pelo segmento *grandes empresas do Itaú*. A decisão de manter a estrutura separada implicou em uma mudança cultural no próprio Itaú, que *decidiu adaptar-se à situação e não o contrário*.

O bom desempenho ajudou a consolidar a instituição como o maior banco de atacado do Brasil.

O ItaúBBA manteve um modelo de remuneração próprio, semelhante à de outros Bancos de Investimentos, e nada parecida com a política que o Itaú usava para o varejo.

Hoje, com o Acordo de Capital de Basileia[10], que estabeleceu novas exigências para a concessão de crédito, com o crescimento do segmento de grandes empresas no Brasil e com o negócio de atacado tornando-se maior dentro do conglomerado, após a fusão do Itaú com o Unibanco, ficou mais difícil a manutenção da condição de butique do ItaúBBA.

O desafio está colocado: quais elementos da identidade vertical do ItaúBBA serão mantidos nesse cenário de maior complexidade e exigências de eficiência?

---

10. Oficialmente denominado International Convergence of Capital Measurement and Capital Standards, também designado como Acordo de Basileia ou Basileia I, foi um acordo firmado em 1988, na cidade de Basileia (Suíça), por iniciativa do Comitê de Basileia e ratificado por mais de 100 países. Este acordo teve como objetivo criar exigências mínimas de capital, que devem ser respeitadas por bancos comerciais, como precaução contra o risco de crédito.
11. THE ECONOMIST. A sucessão serena. *O Estado de S. Paulo*. São Paulo, 28 maio 2015.

1.4.3 SAMSUNG

Uma matéria, na *The Economist*[11], explora as condições em que está se dando a sucessão na gigante coreana Samsung – serena, segundo o texto. Com sérios problemas de saúde, o fundador Lee Kun-hee deverá ser sucedido pelo filho Lee Jae-yong, mais conhecido como Jay – o que já dá a primeira pista importante: sua formação foi inicialmente no Japão e depois na Harvard Business School. Jay desenvolveu um estilo conciliador, "ele se dava bem com o cáustico Steve Jobs e esteve entre os convidados para a cerimônia religiosa em memória do fundador da Apple". Conhecendo as disputas judiciais entre a Samsung e a Apple por conta de patentes, dá para avaliar suas habilidades conciliadoras.

São exatamente essas habilidades que serão requeridas dele nos embates entre a identidade vertical da Samsung – "a disciplina e a lealdade que ela é capaz de inculcar em seus funcionários (...)" quando o "chefe define um objetivo, os funcionários marcham unidos para atingi-lo" – e a identidade horizontal – "agora o grupo emprega uma variedade muito maior de pessoas com todo tipo de *background*. A Samsung precisa se tornar uma organização de mentalidade mais aberta, aceitando a criatividade que vem acompanhada da expectativa de liberdade". A matéria conclui que Jay, "com sua formação parcialmente ocidental, compreenda melhor que seu pai a necessidade da mudança cultural". A evidência concreta da necessidade de mudança é dada, no Brasil, pelos inúmeros processos por assédio moral envolvendo as duas gigantes coreanas – Samsung e LG –, consequência direta das tensões e dos choques culturais que estão experimentando.

O destaque da *Exame.com*, de 15/3/2015, anunciava que a "Samsung Brasil terá de pagar R$ 10 milhões por assédio moral, foram relatados casos de cobranças de metas abusivas, castigos e xingamentos e jornadas excessivas".

A edição do *Estadão.com*, de 8/2/2010, trazia: "Assédio moral assombra a LG" e a matéria descreve as dificuldades com o *jeito coreano*, que incluía tapas, xingamentos e acessos de fúria dos chefes coreanos, que terminavam com a destruição de caixas de produtos.

Estes gestores, produtos da identidade vertical das suas empresas, ainda não estão preparados para enriquecer a cultura coreana com as diferentes formas de tratamento e convivência no trabalho vigentes no exterior.

1.5 A CULTURA E A ESTRATÉGIA

> "A cultura come a estratégia no café da manhã."
> PETER DRUCKER

Uma empresa fabricante de bens de capital, estabelecida há mais de 50 anos no Brasil, com sólida reputação no mercado pela qualidade dos seus produtos, viu-se em 2008 pressionada pela valorização do real – 90% do seu faturamento vinha de exportações. Prospectando oportunidades, ela decidiu criar uma unidade de negócios para fabricar, sob encomenda, componentes de turbinas eólicas, para outro fabricante de bens de capital. Depois de algum tempo atendendo ao cliente e sendo alvo de várias reclamações por problemas de qualidade e, principalmente, não cumprimento de prazos, a situação era a seguinte: custo de produção de um dos componentes: US$ 65.000. Valor máximo pago pelo cliente: US$ 54.000. Valor pelo qual os chineses vendiam o mesmo componente para o cliente: US$ 22.000!

Os dirigentes da empresa decidiram, então, encerrar as atividades da unidade de negócios.

Este case é um exemplo perfeito da famosa frase de Peter Drucker. Vou analisá-lo do ponto de vista da estratégia e, obviamente, da cultura. Para a estratégia, vou utilizar o conceito de forças motrizes e, para analisar a cultura, explorarei os valores associados a cada uma das forças motrizes em questão.

O primeiro deles é o conjunto de ideias desenvolvidas por Benjamim B. Tregoe e John W. Zimmerman[12]. Para eles, existem nove áreas estratégicas básicas, todas elas capazes de afetar de maneira decisiva e de influenciar a natureza e a direção de qualquer empresa, mas apenas uma delas deve ser a força motriz da organização como um todo. Essas são as forças motrizes, divididas em três grandes categorias:

---

12. ZIMMERMAN, J. W. *A estratégia da alta gerência* – o que é e como fazê-la funcionar. São Paulo: Zahar, 1982.

Categoria	Área estratégica
Produtos e mercados	Produtos oferecidos
	Necessidades do mercado
Capacidades	Tecnologia
	Capacidade de produção
	Método de venda
	Método de distribuição
	Recursos naturais
Resultados	Tamanho e crescimento
	Retorno e lucro

FIGURA 2 – IDENTIDADES

Segundo os autores, a força motriz é o "filtro" por meio do qual as decisões estratégicas (sobre produtos e mercados) são tomadas. Quando se desenha "a linha da vida" (a história da empresa contada pelos fatos mais relevantes) de uma organização, é possível constatar que as decisões estratégicas foram tomadas com base em determinada força motriz e que ela está presente ao longo de determinado tempo. Mudança na força motriz significa sempre alguma mudança cultural.

Todavia, as mudanças pelas quais passou o capitalismo nos últimos anos fizeram com que muitas organizações revisassem suas forças motrizes.

Para identificar qual é a força motriz, o caminho é analisar as decisões e práticas da organização. Alguns exemplos: o Bell Labs[13] tinha como força motriz a *tecnologia*. Uma evidência: eles realizavam um concurso anual para premiar seus engenheiros e cientistas mais criativos. Em um dos concursos, venceu o engenheiro que apresentou um equipamento dotado de braços articulados que acionados logo após a engenhoca ser ligada, imediatamente movia-se na direção da tomada e a desligavam... Para uma empresa com essa força motriz

---
13. Laboratório histórico criado por Alexander Graham Bell no final do século XIX. Ele foi celeiro de prêmios Nobel: nada menos que oito agraciados; lá foram inventados o transistor, o laser etc.

– tecnologia –, a estratégia natural é: "encontrem um *problema* para esta solução". E assim foi até os anos 2000, quando ocorreu a fusão com a Alcatel e a empresa mudou sua orientação estratégica. Agora, o discurso é: "encontrem uma *solução* para este problema".

Em uma empresa que registrava uma média de duas patentes por dia, a preocupação com custos sempre foi secundária. Hoje, certamente a força motriz custos passou a ser um seletor extremamente importante nas decisões tomadas na empresa.

No Brasil não faltam exemplos de mudanças significativas de forças motrizes com imediato impacto nos valores centrais; portanto, na cultura organizacional. Vejamos alguns.

A Embraer foi fundada em 1969 e seu primeiro presidente foi o engenheiro Ozires Silva, um militar da aeronáutica que havia liderado o desenvolvimento do avião Bandeirante ainda no Instituto Tecnológico de Aeronáutica (ITA), do Centro Técnico Aeroespacial (CTA), de onde vieram os principais quadros técnicos da empresa.

De certa maneira, a Embraer nasceu dentro do CTA. Ela foi criada por engenheiros que pilotavam aviões, amavam aviões. Bem-sucedida durante anos, viu-se mais tarde – final dos anos 80 – mergulhada numa profunda crise, cujo ápice foi a criação de um maravilhoso avião – CBA-123[14] – cujo custo tornou-o inviável, quase levando a empresa à falência. Privatizada, foi comprada por fundos de pensão e banco.

Um fundo de pensão só pode ter uma força motriz: *retorno e lucro*. Que é, também, a força motriz da maioria dos bancos. Portanto, a força motriz anterior da Embraer – *produtos oferecidos* – foi substituída por retorno e lucro, permitindo que ela seja hoje um *player* importantíssimo no mercado altamente competitivo da aviação. Entretanto, uma orientação para resultados não significa descuidar-se do marketing e da qualidade do produto, mas esses não são o principal filtro nas decisões estratégicas.

Mudança semelhante se deu com a Vale: construída por geólogos e engenheiros, tinha os *recursos naturais* como força motriz evidente. Deles – dos recursos naturais – dependia sua força e existência.

---

14. <https://www.youtube.com/watch?v=1UDfi2rYc4Q>.

Privatizada, foi comprada por fundos de pensão e banco. E a história se repetiu. Tornou-se a 2.ª maior empresa do mundo no seu segmento.

Outro exemplo: o McDonald's tinha uma força motriz que evidenciava sua essência e diferencial: *o método de distribuição*. Hoje, a operação sul-americana está nas mãos de grupos financeiros (mas mesmo antes, a empresa já tinha migrado para retorno e lucro). Nos anos 1970 a 1990, a ida a um dos seus restaurantes se transformava numa verdadeira farra para as crianças: esbanjavam guardanapos, canudos, *ketchup* e mostarda. Uma amiga, antropóloga e profunda observadora da cultura empresarial, vaticinava: "o verdadeiro negócio do McDonald's é vender embalagens!". Hoje, tudo é racionado e contado, espelhando a óbvia mudança estratégica. É bom lembrar que o McDonald's é um dos maiores proprietários de imóveis do mundo: as milhares de lojas onde estão instalados seus franqueados – onde eles ganham mais?

Retomando nosso caso inicial, a empresa de bens de capital. Seu fracasso não se deu por problemas de mercado – o novo segmento é um dos que mais cresce no mundo: energia. Tampouco se deu por competência técnica: eles sempre foram muito bons no que faziam. O fracasso se deu por uma questão cultural, de valores. Mais especificamente, pelo fato que operar no novo segmento, exigia-se uma revisão do seu quadro de valores. Por exemplo: seus produtos originais (grandes equipamentos) demandam, às vezes, dois anos para serem construídos e entregues. Produção não seriada. Portanto, cumprimento de prazos e pontualidade na entrega, não eram valores centrais para o negócio. Qualquer atraso poderia ser compensado.

Outra característica: ainda que operando por encomenda, ela detém toda a tecnologia para a concepção e construção dos equipamentos. No novo segmento – produção seriada – trabalhando também por encomenda, ela fabricava peças concebidas e desenhadas pelo cliente, com a tecnologia dele. Mais ainda, o ciclo de produção é de dias. O novo modelo de negócios supunha a existência de valores específicos: *accountability*, pontualidade, rigoroso controle de custos, entre outros. Como esses valores não eram centrais na cultura da empresa, ela não foi capaz de sustentar *culturalmente* o novo modelo de negócios.

Muda-se uma cultura em duas circunstâncias: aquela em que as pessoas mudam ou com a mudança de pessoas. A primeira ocorre quando as pessoas incorporam novos valores, seja porque descobriram que os anteriores já não são mais adequados à sua permanência e crescimento dentro da conserva cultural, seja também pelo exemplo dado pela liderança. A segunda ocorre quando as pessoas que não querem mudar são desligadas da organização e, eventualmente, são substituídas por outras que estão alinhadas com os novos valores.

Tanto no caso da Vale quanto da Embraer, os CEOs que assumiram a empresa pós-privatização vinham do setor financeiro e apresentavam perfis bastante adequados à mudança cultural que iriam implementar: lideranças fortes, que encarnavam e viviam os novos valores. Assim como, em outro contexto, Ozires Silva encarnava os valores da antiga Embraer. Congruência é a questão central: viver, tomar decisões com base nos valores declarados.

Cada força motriz tem valores que a distingue das demais. Assim, pode-se identificar valores que devem ser comuns a todas elas: eficiência, ética, satisfação do cliente etc., mas *o sucesso está na competência em viver segundo os valores diferenciadores, porque eles é que fazem a estratégia funcionar.* Sabendo que existem muitos valores convivendo num determinado momento da vida da organização, a questão é a hierarquização deles. Para representar, imagine uma sequência de filtros colocados numa estrutura vertical. O modelo é passa/não passa. Portanto, os primeiros são decisivos. Mudar uma cultura é reposicionar e/ou incorporar valores.

O problema é que, os novos valores, às vezes, conflitam com os das pessoas que trabalham na organização e, para estas, o custo emocional da incorporação dos novos valores é muito alto. Em outras palavras, para entrar todos os dias na empresa, elas têm que deixar questões muito importantes no estacionamento!

Ora, todos nós deixamos questões no estacionamento todos os dias, mas são, nas situações normais, comportamentos negociáveis. Por exemplo, muitos homens gostariam de não ter que usar paletó e gravata para ir trabalhar. Aceitar os valores que estão por trás dessa norma, não é, entretanto, uma violência para eles. Portanto, eles deixarão os valores conforto e *informalidade* no estacionamento. Para a maioria, certamente, eles não são valores centrais.

O problema é quando temos que cortar na carne (bem apropriadamente): imagine um vegetariano trabalhando numa empresa processadora de carnes. Esse é um exemplo extremo, mas ilustra o que pode ocorrer com a produtividade, qualidade, pontualidade, compromisso, orientação para resultados, profissionalismo, etc. dessa pessoa.

O que está em jogo é o alinhamento, ou não, dos valores pessoais aos da organização. Quando não se tem o perfilamento, o que se observa é a existência de duas "culturas": uma que está na parede – nos enunciados da visão, missão, etc. – e outra, a real, que determina efetivamente o comportamento das pessoas.

Porém, é preciso fazer uma distinção, os valores não são da empresa, mas sim das pessoas que estão exercendo a liderança nela. À medida que influenciam as decisões na organização, as lideranças vão deixando suas marcas: na estratégia, nas políticas, nas normas e procedimentos, na tecnologia, no leiaute, na arquitetura etc. Por isso, nada é gratuito dentro de uma organização. Tudo pode ser a expressão de sistemas de crenças das lideranças. Quando estas mudam, modifica-se a cultura.

Finalmente, por que as estratégias falham? Por várias razões, mas para o que nos interessa aqui, por que os valores que vão sustentá-las não estão presentes na determinação do comportamento das lideranças.

2
Marco filosófico

"A missão e seus respectivos valores essenciais são bastante estáveis no tempo. A visão da organização pinta um quadro do futuro que ilumina sua trajetória e ajuda os indivíduos a compreender por que e como respaldar os esforços da organização. Além disso, deflagra o movimento que se inicia na estabilidade da missão e dos valores essenciais para promover o dinamismo da estratégia, o passo seguinte no contínuo. A estratégia se desenvolve e evolui no tempo, para enfrentar as condições impostas pelo mundo real."[15]

Um *marco filosófico* é um mito. Sua função principal – levar as pessoas a cooperarem – é a mesma que tem sustentado os mitos ao longo da história. Para Harari (2015), "toda cooperação humana em grande escala (...) se baseia em mitos partilhados que só existem na imaginação coletiva das pessoas".[16] Para ele, as visões são a expressão da "capacidade de criar uma realidade imaginada com palavras" e são elas que possibilitam "que um grande grupo de estranhos coopere [uns com os outros] de maneira eficaz"[17].

---
15. NORTON, David P; KAPLAN, Robert S. *Organização orientada para a estratégia*. São Paulo: Campus, 2001.
16. HARARI, Yuval Noah. *Sapiens – uma breve história da humanidade*. Porto Alegre: L&PM Editores, 2015.
17. Ibid, p. 41.

O poder de uma visão inspiradora

Durante algum tempo, usei a expressão *estrutura estratégica* para designar o conjunto composto por visão, missão e valores. Algumas vezes, empreguei também a expressão ideologia central, usada por Jim Collins em *Feitas para durar*. Mais recentemente, passei a utilizar a expressão *marco filosófico*. No Brasil, ela é bastante familiar para os profissionais da área de educação e do direito. Já em países de língua espanhola, é mais comum seu uso por empresas para designar o referencial visão, missão e valores. Entretanto, são poucas as menções na literatura e mesmo entre as empresas brasileiras seu uso ainda é restrito.

A palavra *marco* deriva do italiano *marcare*, designando fixação de limites, imposição de marcos nas fronteiras; é associado ao hábito dos desbravadores de fincar marcos nas terras que descobriam (Silva, 2002)[18]. Já *filosofia* é definida como "1. Estudo geral sobre a natureza de todas as coisas e suas relações entre si; os valores, o sentido, os fatos e princípios gerais da existência, bem como a conduta e destino do homem. 2. Doutrina ou sistema particular de um filósofo célebre, de uma escola ou de uma época". Temos, portanto, o sentido delimitador derivado da palavra *marco*, enquanto o *filosófico* define a natureza desses marcos: os valores, o sentido e os princípios gerais.

Sendo assim, o marco filosófico é a declaração formal dos elementos centrais de uma cultura. Mas como a cultura é mais do que essas declarações, precisamos entender o que ela significa, como se forma e atua sobre seus membros, para podermos estabelecer um padrão adequado para essas declarações, de modo que estas retratem bem o objeto representado.

Apresentarei aqui os principais elementos que constituem um MF. A ordem ou a hierarquia mais encontrada é: visão, missão e valores. Recentemente, algumas organizações introduziram outra dimensão – o *propósito* –, e para estas ele tem precedência sobre os outros elementos. A visão expressa o propósito da organização, portanto o surgimento desse novo elemento talvez tenha a ver com a banalização e o consequente empobrecimento das visões, conforme demonstrarei à frente quando apresentar os resultados da pesquisa.

---

18. SILVA, D. D. *A vida íntima das palavras*. São Paulo: Arx, 2002.

A sequência que adoto para definir o marco filosófico – visão, missão e valores – baseia-se em uma hierarquia que não é uma unanimidade entre os autores e profissionais que trabalham com o tema. Apresentarei as razões pelas quais acredito que essa deva ser a ordem pela qual esses elementos são apresentados, bem como o significado e o conteúdo de cada um deles.

2.1 A VISÃO DO FUTURO

> "A utopia está lá no horizonte.
> Me aproximo dois passos, ela se afasta dois passos.
> Caminho dez passos e o horizonte corre dez passos.
> Por mais que eu caminhe, jamais alcançarei.
> Para que serve a utopia?
> Serve para isso: para que eu não deixe de caminhar."
> EDUARDO GALEANO

O propósito da *visão é descrever como uma organização encontra a realização,* é, portanto, um resultado, descreve um *"fim"*. Assim, seu enunciado deve começar com um substantivo e não com um verbo (ação). Pela sua natureza – um misto de resultado impredizível, utopia e sonho –, ela *deve ser atemporal*, não estar limitada pela história ou pelas circunstâncias, não podendo conter datas-limite. Da mesma forma, *não pode ser quantitativa*. Considerando que o MF é uma parte de um exercício para dar rumo e sentido a uma organização, em outros níveis dessa estrutura, outras instâncias darão conta dos números e dos prazos: para isso existem as metas, os objetivos, os KPIs etc.

As melhores visões trazem também uma *tensão interna* entre seus elementos. A visão é superior a qualquer outra coisa. Finalmente, como estamos *visualizando* o futuro, ela é *impredizível*: não há nenhuma garantia de que será atingida. Mas a mais importante função da visão é produzir brilho nos olhos! As visões devem tocar emocionalmente quem as lê. Para aqueles que as veem na parede de uma sala de espera, elas devem despertar o desejo de conhecer aquela cultura e, em alguns casos, de trabalhar naquela organização.

Finalmente, uma boa visão poderia ser eterna.

2.1.1 CRIANDO O FUTURO E ENTERRANDO O PASSADO COM HONRAS MILITARES

Uma visão do futuro é uma *realidade imaginada*.

Ao formular uma visão do futuro, as pessoas, assim como as organizações, estão fazendo uma escolha que inverte radicalmente um modo de pensar e decidir: optam por guiar-se por uma visão do futuro desejado, no lugar de seguir influenciadas pelo passado. Em um mundo que muda a uma velocidade jamais experimentada antes, usar o passado como referência é a morte para qualquer empresa. Entretanto, as pessoas e as empresas carregarão do passado os elementos da sua essência e poderão escolher mantê-los: seus valores centrais. Esses são parte da *identidade vertical* da organização e não podem ser ignorados na (re)formulação da visão do futuro.

Assim temos o futuro como mera extensão do passado e do presente.

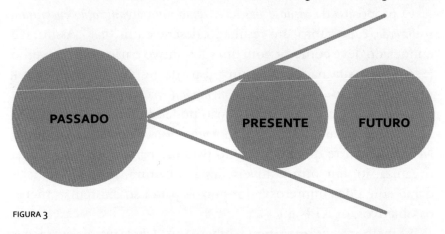

FIGURA 3

Nunca se tirou tantas fotografias quanto hoje. E a Kodak não ganha um centavo com isso. Reinando soberana por décadas, em pouquíssimo tempo ela foi reduzida a nada, com o advento da câmera digital, paradoxalmente inventada por ela.

Na história das organizações, são raríssimos os casos de reinvenção: matar a galinha dos ovos de ouro antes que um concorrente ou sucedâneo o faça. Submersas dentro da conserva cultural, as pessoas têm uma imensa dificuldade para apontar os perigos iminentes que rondam o negócio. Propor a morte do próprio negócio é equivalente a um crime de lesa-pátria. E assim, o cemitério está cheio de organizações outrora brilhantes e vencedoras.

O desenho do futuro desejado não pode ignorar todos os impactos previsíveis sobre o negócio da organização e incorporar a coragem de repensar o seu futuro, indo até o limite de antecipar a morte do próprio negócio.

O futuro iluminando o presente:

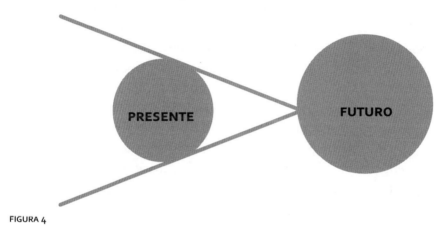

FIGURA 4

De todos os artefatos produzidos pelo homem, o automóvel é aquele que tem seu futuro mais ameaçado.

Jaime Lerner, arquiteto e ex-prefeito de Curitiba que priorizou o transporte coletivo na capital paranaense, chamou o carro de "cigarro do futuro (...) Você poderá continuar a usar, mas as pessoas se irritarão por isso"[19], afirmou.

O escritor e empresário australiano Ross Dawson tem opinião parecida à de Lerner. "Um dia as pessoas vão olhar para trás e se perguntar como era aceitável poluir tanto, da mesma forma como hoje pensamos sobre o tempo em que cigarro era aceito em restaurantes, aviões e lugares fechados." Quando fiz a minha primeira viagem de

---

19. LORES, Raul Juste. No país das highways, o uso do carro patina. *Folha de S.Paulo*, 29 jun. 2014.

avião na década de 1970, éramos recepcionados pelas comissárias com a distribuição de pequenos maços de cigarro!

Na pátria do automóvel, os sinais enviados do futuro já estão disponíveis: "em um país onde a carteira de motorista é um RG extraoficial, 20% dos jovens americanos entre 20 e 24 anos de idade não têm hoje habilitação – e o mesmo vale para 40% dos americanos de 18 anos. Em ambos os casos, o número de jovens que não dirigem dobrou entre 1983 e 2013, segundo estudo da Universidade de Michigan.

Desde 2001, o número de quilômetros dirigidos nos EUA vem caindo. Na última década, o número de americanos que vai diariamente ao trabalho de bicicleta aumentou 60%, chegando a 900 mil".

As pessoas que moram nos grandes centros estão cada vez mais conscientes do imenso custo representado pelas enormes frotas de carros. E o autor do texto citado alerta que a questão não é apenas ambiental, é demográfica: as pessoas estão escolhendo novos modos de vida e por isso resistem também ao carro elétrico: "É importante entender que, ainda que sejam veículos com zero emissão de carbono, os carros elétricos poluem", diz o australiano Dawson. Ele recorda que, em um grande número de países, a geração de energia elétrica depende de combustíveis fósseis. "A poluição continua a acontecer em outra ponta, o que não ocorre com a bicicleta – e muito menos com o transporte coletivo"[20].

Em 1960, Theodore Levitt escreveu um texto seminal – Miopia em marketing[21] – em que demonstrava os riscos das empresas atuarem concentradas nos seus produtos, no lugar de centrar-se nas necessidades dos seus clientes. O automóvel que pode ser comprado para atender a várias necessidades dos consumidores – mobilidade, status, poder, etc. – é hoje um imenso estorvo nos monumentais congestionamentos das grandes cidades. São milhares de motoristas encapsulados dentro deles, acumulando doses cada vez maiores de estresse.

Portanto, a miopia das montadoras pode estar selando seu fim. Elas deveriam desenhar um mundo sem carros para o transporte individual e, a partir dessa visão, iniciar a reinvenção do seu próprio negócio. Mas

---

20. LORES, Raul Juste. No país das highways, o uso do carro patina. *Folha de S.Paulo*, 29 jun. 2014.
21. LEVITT, Theodore. Miopia em marketing. Harvard Business Review. Watertown: Harvard Business Publishing, jul. 1960.

como mostrei no tópico 1.3 Os ajustamentos e as identidades, será melhor fazer isso longe, bem longe da sede da empresa.

2.2 UMA VISÃO PERFEITA

Na década de 1990, a Divisão Agrícola da Monsanto definiu uma nova visão do futuro: *alimentos em abundância em um meio ambiente saudável.*

Relutei muito em usar a visão da Monsanto como exemplo: suas ações e seus produtos foram e são objeto de muita polêmica e questionamento. Entretanto, e desafortunadamente, são pouquíssimas as visões que se enquadram em um padrão de perfeição técnica, e a da Monsanto é uma delas. Peço, portanto, que mesmo que seja difícil e aparentemente impossível, fiquem apenas com os elementos técnicos da visão, sem entrar no mérito das práticas da empresa.

Sempre que me pedem um exemplo de uma boa visão é essa que apresento. Aliás, ela é uma visão tecnicamente perfeita.

Do ponto de vista formal, ela atende a todos os requisitos necessários para uma visão do futuro. São eles:

- Seus dois elementos centrais – alimento e meio ambiente – são substantivos respectivamente adjetivados: abundante e saudável. Portanto, a visão está indicando, inequivocamente, o que a organização está comprometida a produzir.
- Ela é curta, com isso é facilmente lembrada.
- Finalmente, a característica mais interessante desta visão: há uma tensão entre os seus dois elementos centrais. Senão, vejamos: produzir alimento abundante é algo relativamente fácil, existe tecnologia para isso e, no caso brasileiro, temos terras abundantes também; manter o meio ambiente saudável é fácil: é só deixá-lo como está, intocável. O desafio é fazer as duas coisas ao mesmo tempo! A tensão resultante é o elemento estimulador da criatividade dentro da organização. Ela abre espaço para o pensamento estratégico. Portanto, uma boa visão tem o poder de provocar, estimular, permitir que as pessoas sonhem, visualizem um futuro melhor.

O poder de uma visão inspiradora

2.3 OUTRA VISÃO DE FUTURO EXEMPLAR[22]

Desde sua fundação em 1927, a Volvo sempre teve a segurança como um dos seus valores corporativos. No início das operações, os seus fundadores Assar Gabrielsson e Gustav Larsson registraram em ata que: "Veículos são feitos por pessoas e para transportar pessoas. Por isso o princípio básico para todo o trabalho, do desenvolvimento à produção, deve ser sempre a segurança".

Em 2012, o Grupo Volvo reforçou integralmente seu comprometimento com a segurança ao preconizar um futuro com *zero acidentes envolvendo seus veículos*. Essa visão extremamente desafiadora está totalmente alinhada com o objetivo de tornar-se líder mundial em soluções de transporte sustentável.

A Volvo reconhece que sua visão – "Zero Acidentes no Brasil" – pode parecer uma utopia, mas sabe que "a realidade só será transformada com ousadia e se agirmos proativamente para gerar mudanças graduais e constantes".

A tensão interna que caracteriza as boas visões, também está presente quando a Volvo reconhece – nas palavras do seu presidente para a América Latina, Claes Nilsson – que "se houver riscos de acidentes em qualquer operação que envolva produtos do Grupo Volvo, evitaremos tanto pelo uso da qualidade e da tecnologia dos nossos veículos quanto atuando como agente mobilizador, em cooperação com nossos funcionários, rede de concessionárias e distribuição, clientes e fornecedores. Bem como junto aos demais agentes que atuam na cadeia de negócios do transporte comercial brasileiro". E conclui: "a segurança deve ser responsabilidade de todos".

---

22. As informações foram obtidas no site da Volvo - www.volvo.com.br/pvst.

Marco Filosófico

A visão da Volvo é consequência de um posicionamento de segurança no trânsito, aprovado pelo Parlamento Sueco em 1997, segundo o qual "ninguém será morto ou ferido gravemente em acidentes de trânsito". É uma visão estratégica de longo prazo, na qual o sistema de trânsito vai se tornando gradualmente mais integrado e a responsabilidade pela segurança torna-se compartilhada por todos – projetistas e usuários do sistema (...)". "Além de estratégica, essa é uma atitude ética, perante a sociedade, pois o princípio da Visão Zero é que, apesar do enorme desenvolvimento tecnológico de todos os setores do trânsito – veículos, vias, legislação, sinalização, entre outros – o homem continuará a cometer erros no trânsito, *mas não pode pagar por eles com sua própria vida*" (grifo do autor). Depois de dez anos, a Suécia, que já tinha índices baixíssimos de fatalidades no trânsito, já reduziu em mais de 50% o número de mortos e espera chegar "a zero, ou muito próximo disso em dez anos".

Já nas estradas federais brasileiras, ocorre um acidente envolvendo caminhões a cada cinco minutos. No total, os acidentes de trânsito – envolvendo todo tipo de veículo – resultam em mais de 54 mil mortos *por ano* e mais de 200 mil feridos – muitos dos quais morrem dias depois ou ficam com sequelas permanentes. O tamanho da tragédia pode ser dado por uma comparação: em dez anos de guerra, os EUA perderam 58 mil soldados no Vietnã. Vale repetir: temos mais de uma guerra do Vietnã por ano no Brasil[23].

Em 1987, ao completar dez anos da instalação da sua primeira fábrica no Brasil, o Grupo Volvo lançou o Programa Volvo de Segurança nas Estradas para mobilizar a sociedade em torno de uma importante questão: o que fazer para aumentar a segurança e diminuir o número e a severidade dos acidentes de trânsito?

Os acidentes de trânsito estão ligados a três fatores: o veículo, o condutor e a via – rua ou estrada. A Volvo sabe que faz caminhões seguros, mas está ciente também que o condutor é o maior responsável pelos atos que levam aos acidentes. Portanto, não basta garantir apenas uma das variáveis, é preciso atuar sobre as outras.

---

23. Pesquisa realizada pela Secretaria Estadual da Saúde indica que "o caminhoneiro trabalha demais e abusa do álcool: quase metade dos caminhoneiros que trafegam por rodovias paulistas tem jornada excessiva ao volante e admite abuso no consumo de álcool". *O Estado de S. Paulo*, 28/5/2015.

A Volvo foi pioneira e está na vanguarda em segurança. Não só quando produz os veículos, mas também por meio dos dispositivos de segurança veicular: desde o cinto de segurança de três pontos, passando por outras soluções inovadoras como o sistema de proteção inferior contra colisões dianteiras, o controle de alerta ao motorista, o controle de saída e de mudança de pista, entre outras. Uma das soluções mais engenhosas que a Volvo desenvolveu para prevenir acidentes envolvendo ciclistas é um *spray* com uma película refletiva* para ser usada na roupa e na bicicleta. Este último exemplo dá uma medida da amplitude da visão: os técnicos e especialistas da Volvo poderiam ficar limitados a criar veículos seguros, mas a natureza e a essência da visão os estimula um olhar mais abrangente e criativo.

A declaração dos fundadores da Volvo e a visão são as evidências do quanto a segurança é parte da *identidade vertical da empresa*. E segue sendo quando ela declara que "segurança é praticada diária e constantemente nas fábricas espalhadas por todos os continentes, nos escritórios, nos laboratórios de desenvolvimento de produtos, nos testes de novos veículos, dentro da rede de distribuidores, e no relacionamento com todos os públicos estratégicos (stakeholders)".

Do ponto de vista técnico, a visão da Volvo atende a todos os requisitos de uma boa visão: curta, atemporal, traz implícita a tensão interna (veículo x condutor x via) e, apesar de conter um número (zero), ela não pode ser considerada quantitativa, uma vez que zerar todos os acidentes é uma utopia, mas é altamente desejável que eles sejam drasticamente reduzidos no Brasil.

2.4 A VISÃO DO FUTURO NA LITERATURA

Há mais de quatro séculos, William Shakespeare foi capaz de produzir uma visão com todos os elementos que a mantém atualizada até hoje. É, também, uma fala primorosa de um líder que, ao mesmo tempo que motiva seus comandados, não se abstém de confrontá-los com a dura realidade da guerra: muitos poderão morrer.

A poderosa visão está em *Henrique V*, uma das mais famosas peças históricas de William Shakespeare (1564-1616). Trata-se da representação daquele

---
* Ver <http://www.volvolifepaint.com/>.

Marco Filosófico

é considerado um dos mais importantes monarcas ingleses, o rei-herói que governou de 1413 a 1422, pacificando internamente a Inglaterra e consolidando a autoridade da monarquia.

Em um dos conflitos que compõem a chamada Guerra dos Cem Anos (1337-1453), vemos o rei em sua campanha de invasão à França – cujos dois principais momentos foram as batalhas de Harfleur e Azincourt, em 1415. O rei-guerreiro combate junto aos soldados, em um texto de exaltado nacionalismo que enaltece seus feitos de grande líder.

O ponto alto é o célebre discurso em que Henrique V conclama seus homens a lutar com garra, colocando de lado as distinções sociais[24]. Do alto de uma carroça[25], ele discursa e a visão do futuro que ele constrói é perfeita.

Primeiro ele minimiza a importância de cada um:
"Se estamos destinados a morrer, já somos o máximo
Que nosso país pode perder;
Depois, oferece uma recompensa:
e, se vivermos,
Quanto menos formos, maior a honra que partilharemos.
Em seguida, expressa seus valores:
Deus! Te imploro, não queiras nenhum homem mais,
Por Júpiter! Não sou avarento com o ouro,
Nem me importo que vivam às minhas custas;
Não me incomoda que outros vistam minhas roupas:
Tais coisas de aparência não estão entre meus valores;
Mas se for pecado cobiçar a honra,
Sou a alma mais pecadora de todas.
Ele provoca o primo inseguro e indeciso, oferece uma saída para os acovardados e os provoca para que mudem de ideia, ao mesmo tempo em que qualifica os que ficarem:
Não, tenha fé, primo, não queiras mais nenhum homem da Inglaterra!
Pelo amor de Deus! Eu não perderia uma honra tão grande
Ainda que um só homem fosse dividi-la comigo,

---
24. Fonte: Henrique V – Coleção L&PM Pocket, 2007.
25. Para assistir à versão dirigida e protagonizada por Kenneth Branagh, veja <www.youtube.com/watch?v=RbvMOlpaKIA>.

Porque espero o melhor. Não, não peças mais nenhum homem!
Melhor proclamar,
   Westmoreland, a todos os meus soldados,
   Que àquele que não tiver estômago para lutar,
   Deixem-no ir: nós lhe daremos um passaporte
   E poremos uns escudos para viagem, em sua bolsa;
   Jamais morreríamos na companhia de um homem
   Que teme morrer como nosso companheiro.

E aí formula a visão do futuro falando desde lá, do futuro, sem criar ilusões – muitos poderão morrer:
Este dia é o da festa de São Crispim
Aquele que sobreviver a esse dia, e voltar são e salvo para casa
Ficará na ponta dos pés quando esta data for mencionada,
Ele crescerá ainda mais, diante do nome de São Crispim.
Aquele que sobreviver a esse dia e chegar à velhice,
Em toda véspera deste dia, comemorará com os vizinhos
E lhes dirá: "Amanhã é São Crispim".
Então arregaçará as mangas e mostrará as cicatrizes,
E dirá: "Estas feridas eu ganhei no dia de São Crispim."
Os velhos se esquecem; tudo mesmo acaba esquecido
Mas ele se lembrará, com orgulho
Das proezas que realizou naquele dia. E então nossos nomes,
Tão familiares em sua boca quanto os de seus parentes –
O rei Harry, Bedford e Exeter,
Warwick e Talbot, Salisbury e Gloucester –
Serão, nos copos transbordantes, vivamente lembrados.

Finalmente ele define a atemporalidade da visão ("até o fim do mundo"), oferece a recompensa ("Será meu irmão"), a redenção ("seja ele o mais vil que for") e a punição ("se acharão amaldiçoados"):
Esta história o bom homem ensinará ao seu filho;
E nenhuma festa de São Crispim acontecerá
Desde este dia até o fim do mundo
Sem que nela sejamos lembrados –
Nós poucos, nós poucos e felizes, nós, bando de irmãos;

Pois quem hoje derramar seu sangue comigo,
Será meu irmão; seja ele o mais vil que for,
Este dia enobrecerá sua condição
E os cavalheiros ingleses que agora dormem
Se acharão amaldiçoados por não estarem aqui,
E sentirão sua honra decair, ao ouvir um outro contar
Que combateu conosco no dia de São Crispim"[26].

2.4.1 GRANDES LÍDERES VISIONÁRIOS

Esta marca da liderança, que combina paradoxalmente, otimismo e realismo, teve inúmeros representantes ilustres – Churchill durante a II Grande Guerra: "Hitler sabe que terá de nos vencer nesta ilha ou perder a guerra. Se pudermos resistir a ele, toda a Europa poderá ser livre e a vida no planeta poderá seguir adiante para horizontes abertos e ensolarados. Mas, se nós cairmos, então o mundo inteiro, incluindo os Estados Unidos, incluindo tudo o que conhecemos e do que gostamos, vai afundar no abismo de uma nova Idade das Trevas, ainda mais sinistra e talvez mais prolongada pelo uso de uma ciência pervertida. Que nós nos unamos para cumprir nosso dever, e desta forma nos elevemos de tal forma que, se o Império Britânico e sua comunidade britânica durarem mil anos, as pessoas ainda digam: "aquele foi seu melhor momento!"".

Viktor Frankl (26/3/1905-2/9/1997), psiquiatra austríaco, preso em Auschwitz, que sobreviveu – e ajudou muitos outros a sobreviverem – criando uma visão poderosa e, sob todos os aspectos *impredizível*: deveria sobreviver para contar ao mundo o horror do holocausto.

Durante a Guerra do Vietnã, o almirante Jim Stockdale (23/12/1923-5/7/2005) protagonizou uma das mais duras experiências como prisioneiro de guerra dos norte-vietnamitas. Sua liderança sobre os demais prisioneiros reproduziu a visão shakespeariana. Sua saga foi traduzida por Jim Collins[27] numa expressão – "Paradoxo Stockdale" – que designa a ambiguidade de "manter uma fé inabalável no jogo final, a despeito da dura realidade dos fatos". Ele foi torturado mais de vinte vezes ao longo dos oito anos em que ficou prisioneiro, mas nunca duvidou que, não

---

26. A tradução é um presente à língua portuguesa dado por Nelson Moraes e Cynthia Feitosa.
27. COLLINS, Jim. *Empresas feitas para vencer*. Rio de Janeiro: Editora Campus, 2001.

apenas sairia vivo de lá, como transformaria a experiência em um divisor de águas na sua vida. Em depoimento a Collins, Stockdale contou: "Você nunca deve confundir a fé em que você vai vencer no final – que você nunca pode se dar ao luxo de perder – com a disciplina de enfrentar a realidade nua e crua de sua atual situação, seja ela qual for".

O último quarto do século XIX e o início do século XX foram marcados pela ousadia e coragem daqueles que queriam descobrir os limites geográficos da Terra: a chegada aos polos, a descoberta das nascentes de rios históricos, as travessias jamais realizadas, os picos jamais escalados.

De todos os grandes exploradores – Amundsen, Robert C. Scott, Richard Burton, Peary, Cook –, um deles se destaca: Sir Ernest Shackleton (15/2/1874-5/1/1992). Ele é considerado por muitos como uma das maiores lideranças já surgidas, e isso representa um enorme paradoxo, pois ele fracassou em todas as suas tentativas de chegar ao Polo Sul e de atravessar o continente antártico. Shackleton esteve na primeira tentativa de chegar ao Polo Sul capitaneada por Scott, em 1901: não conseguiram. Em 1907, organizou sua própria expedição e, com o barco *Nimrod*, fez sua segunda tentativa de chegar ao Polo Sul. Chegaram a 156 km do destino. Apesar do fracasso, foram recebidos como heróis e, em 1909, ele recebeu do rei Eduardo VII o título de Sir. Lançou um livro, fez palestras por toda a Europa. Seu sucesso incomodou Robert Scott. Este tentou chegar ao Polo em 1910 e, quando o alcançou em janeiro de 1912, lá encontrou hasteada a bandeira da Noruega. Amundsen havia vencido a corrida. Na volta, Scott e seus dois companheiros morrem.

Em agosto de 1914, às vésperas da I Grande Guerra, Shackleton parte com o *Endurance* para tentar fazer a primeira travessia transantártica, expedição que é muitas vezes classificada como a última da Era Heroica da exploração polar[28]. Ao rebatizar o navio como *Endurance* (persistência), ele homenageava o lema da sua família *Fortitudine Vincimus* (Com persistência venceremos).

Em dezenove de janeiro de 1915, o *Endurance* é aprisionado pelo gelo. Shackleton e seus homens só podem ficar aguardando, mas essa

---

28. ALEXANDER, Caroline. *Endurance*. São Paulo: Companhia das Letras, 1998.

Marco Filosófico

espera pôs à prova sua liderança e capacidade de compor sua equipe. Durante o processo de seleção da tripulação, quando o físico R. W. James "se apresentou para ser entrevistado, o grande explorador o surpreendera ao perguntar-lhe não se ele se considerava preparado para uma grande expedição polar, ou sobre detalhes de suas pesquisas científicas – mas se sabia cantar"[29].

Shackleton sabia os desafios para manter a paz entre seus tripulantes durante os longos períodos de confinamento que viveriam. Ele estava mais interessado em avaliar "a atitude" da sua heterogênea tripulação. E estava certo. Durante o longo aprisionamento no gelo, essas habilidades foram fundamentais para manter a equipe unida, apesar de todas as vicissitudes e desafios pelos quais passaram.

O gelo que havia aprisionado o Endurance, em vez de libertá-lo, acaba por esmagá-lo em outubro de 1915. Flutuando no imenso bloco de gelo, Shackleton comunicou com simplicidade suas intenções: "*agora iremos para casa*". A enorme diferença de estilo que fez ele fosse reconhecido como um grande líder, pode ser explicitada na comparação entre os desbravadores: "Para Scott o objetivo era chegar lá. Para Shackleton, era chegar lá com todos vivos".

A partir daí, o objetivo passa a ser o de levar todos de volta para casa. O pesadelo estava apenas começando. Mas sua liderança inspiradora fez com que sua equipe acreditasse na visão estabelecida, o que foi essencial para afastar o desânimo e o moral baixo.

Entre suas inúmeras qualidades, a congruência se destacava: ele não se permitia nenhum privilégio ou luxo em função da sua posição. Um episódio ilustra isso: "Falando com extrema convicção, *Shackleton* ressaltou que nenhum objeto pessoal tinha valor se comparado à sua sobrevivência e exortou os homens a serem implacáveis ao livrarem-se de todo peso desnecessário, independentemente do valor. Em seguida, tirou do bolso uma cigarreira de ouro e várias moedas também de ouro e as atirou na neve"[30]. Mas quando um tripulante descartou um porta-retratos da sua família, ele o recuperou e o devolveu: *Shackleton* sabia como aquilo seria reconfortante nos duros momentos que teriam pela frente. Em outra ocasião, já nos botes

---

29. ALEXANDER, Caroline. *Endurance*. São Paulo: Companhia das Letras, 1998.
30. PERKINS, Dennis N. T. *Liderança no limite*. São Paulo: Makron Books, 2000.

salva-vidas, um tripulante que remava perdeu sua luva. Shackleton tirou a sua e deu a ele. Ante a tentativa de recusa, ele ameaçou jogar a luva ao mar: Shackleton não se permitiria nenhum conforto maior do que aqueles que estavam lutando para salvar suas próprias vidas.

Em nove de abril de 1916, eles embarcaram em três botes salva-vidas para uma das mais heroicas jornadas jamais registradas. Shackleton teria passado 100 horas sem dormir durante essa viagem. Após sete dias, chegaram à Ilha Elefante. Como Shackleton sabia que ali ninguém iria procurá-los, a alternativa era alcançar a estação baleeira da Geórgia do Sul, mas ela ficava a mais de 1200 km dali. Para não arriscar toda a tripulação, Shackleton formou uma pequena equipe de seis homens. Puseram-se ao mar em um bote de oito metros – o *James Caird* –, enfrentaram um furacão e, em dez de maio de 1916, chegaram à Geórgia do Sul. Entretanto, a estação baleeira estava *do outro lado* da ilha e tentar chegar lá por mar seria muito arriscado. Shackleton decidiu viajar por terra, aliás gelo e neve, e ele não sabia que teria pela frente uma montanha de 3 mil metros. Depois de três dias, chegaram à estação baleeira. O primeiro banho quente em 18 meses! Seu desafio agora era voltar à Ilha Elefante para resgatar os 22 tripulantes que ele deixara. Sem poder contar com ajuda inglesa – às voltas com a I Grande Guerra – ele enfrentou as maiores dificuldades para conseguir o socorro aos seus tripulantes isolados na Ilha Elefante. Depois de inúmeras tentativas, a Marinha chilena disponibilizou o vapor *Yelcho*.

A chegada à ilha é assim descrita:"Worsley estava com Shackleton no convés do Yelcho quando avistaram a ilha. Seus corações quase tinham parado quando viram a bandeira a meio-pau, porém examinando a praia com dolorosa intensidade pelo binóculo Shackleton, tinha contado 22 silhuetas"[31]. E os levou sãos e salvos para a Inglaterra.

2.5 A MISSÃO

A *missão* tem que inspirar clientes e acionistas. Seus objetivos: a) identificar o negócio essencial da organização; b) orientar o crescimento e a expansão; c) focar o cliente e o acionista.

---

31. PERKINS, Dennis N. T. *Liderança no limite*. São Paulo: Makron Books, 2000.

2.5.1. ALGUMAS MISSÕES BEM-DEFINIDAS

- Bradesco:"Fornecer soluções, produtos e serviços financeiros e de seguros com agilidade e competência por meio da inclusão bancária e da promoção da mobilidade social, contribuindo para o desenvolvimento sustentável e a construção de relacionamentos duradouros para a criação de valor aos acionistas e a toda a sociedade".
- Fiat: "Desenvolver, produzir e comercializar carros e serviços que as pessoas prefiram comprar e tenham orgulho de possuir, garantindo a criação de valor e a sustentabilidade do negócio".
- Heringer: "Oferecer ao agricultor a melhor solução em nutrição vegetal, com excelência nos serviços, inovação e qualidade de nossos produtos, atendendo as expectativas dos clientes, acionistas e colaboradores e auxiliando na construção de uma agricultura eficiente, rentável e sustentável".

Todas elas identificam o negócio, orientam o crescimento e focam o cliente e o acionista.

2.6 VISÃO E MISSÃO – COMO ELAS SE RELACIONAM

O marco filosófico é um conjunto integrado de definições, declarações e compromissos. Como eles fazem parte da mesma estrutura, seus componentes devem ser complementares. Devem expressar, em níveis diferentes, a filosofia da organização. Em outras palavras, eles devem "conversar entre si".

Uma forma de verificação do alinhamento entre visão e missão foi desenvolvida por Richard Barrett: a missão deve ser a resposta à pergunta "como alcançar a visão?". Já a visão deve ser a resposta à pergunta "por que realizar a missão?".

Se ambas fizerem sentido e forem congruentes, teremos uma estrutura alinhada.

Para ilustrar, imaginei uma visão para um time: "A equipe de futebol mais admirada do Brasil". Este *resultado* pede uma ação: *como?* "(praticando) futebol ofensivo, com respeito às regras e valorizando a prata da casa". Fazendo o raciocínio inverso, se perguntarmos:

Por que? "(para ser) a equipe de futebol mais admirada do Brasil", veremos que as duas dimensões conversam perfeitamente entre si.

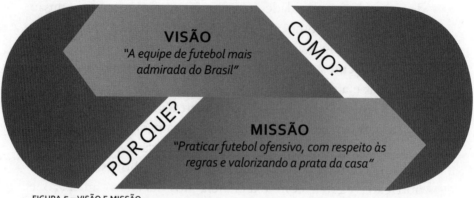

FIGURA 5 — VISÃO E MISSÃO

2.7 OS VALORES

> "A verdadeira coragem está em fazermos sem testemunhas o que seríamos capazes de fazer diante do mundo todo."
> LA ROCHEFOUCAULD[32]

Quando um grupo de pessoas tem alguns valores em comum, elas passam a fazer parte de uma comunidade de valores. Simplificadamente: elas *valorizam* as mesmas coisas, interesses, comportamentos etc.; portanto, o funcionamento dessa comunidade ficará muito mais fácil e simples porque as pessoas estão seguindo a mesma orientação. Como a orientação é tácita, as normas de comportamento não precisam ser escritas. Consequência: mais confiança, menos burocracia. O contrário é rigorosamente verdadeiro: quanto mais burocracia, menos confiança.

A confiança é a consequência mais importante da criação de uma comunidade de valores. Ela aplaina o caminho, reduz a

---

32. La Rochefoucauld, moralista francês do século XVII, foi um dos introdutores e, certamente, o maior cultor do gênero de máximas e epigramas, divertimento social que ele transformou em gênero literário, escrevendo textos de profundo pessimismo. Seu mais famoso livro, *Reflexões ou sentenças e máximas morais*, apareceu pela primeira vez em 1664.

quantidade de negociações, produz conforto e segurança nas relações interpessoais.

A máxima em epígrafe (*La Rochefoucauld*) é uma das melhores definições do que é um valor: um compromisso do indivíduo com suas mais profundas e enraizadas crenças. Aquilo que ele faz sem depender de nenhuma aprovação, além da sua própria consciência.

Mas o que acontece quando ele não está mais sozinho? Como atestar que seu comportamento, se não houver nenhuma testemunha, seria o mesmo de quando estivesse em público?

Em 2014, um episódio de racismo envolvendo a torcida do Grêmio e Aranha, o então goleiro do Santos, foi mais um evento que as onipresentes câmeras de vídeo ajudaram a esclarecer. Hoje, em cada esquina, em muitos portões, em todas as portarias, corredores, existem câmeras filmando a tudo e todos. Resultado: ninguém está mais sozinho. Praticamente todos os nossos atos têm testemunhas.

O que diria, então, La Rochefoucauld sobre o comportamento humano diante de tantos olhares? Somos todos covardes, incapazes de apresentar um comportamento autônomo?

A jovem gremista, acusada do ato de racismo disse, chorando diante das câmeras de TV, que não é racista e que só o ofendeu porque seu time estava perdendo e ela é uma torcedora apaixonada pelo Grêmio.

Na sua escala de valores, portanto, o resultado de uma partida de futebol do seu time estará, em alguns casos, numa posição hierarquicamente superior ao respeito devido a um outro ser humano.

Por outro lado, se acreditarmos que a torcedora agiu assim porque, no calor da emoção, cercada de outros torcedores que também gritavam insultos racistas, ela não conseguiu controlar seu comportamento, poderíamos acreditar que ela hierarquizou outro valor acima do respeito a um ser humano: o de pertencer a um grupo.

Assim, poderíamos concluir que seu declarado não racismo não é um valor suficientemente forte para fazer face à pressão grupal. Se ela não é racista, para La Rochefoucauld então ela foi covarde por não ter sido capaz de manter-se fiel aos seus valores.

Em maio de 2014, durante uma greve da Polícia Militar, moradores de Abreu e Lima, cidade da região metropolitana de Recife, saquearam lojas da cidade, levando para casa móveis e eletrodomésticos. Dias depois, começaram a devolver os objetos saqueados. Um dos saqueadores declarou às câmeras da TV que não entendia o comportamento que tinha tido. Ele mostrava sua casa e dizia – chorando – que tinha todos os eletrodomésticos, similares aos que saqueou, comprados com seu próprio salário. A psicologia das massas vem ao seu socorro para explicar como o comportamento é, em parte, determinado pelas circunstâncias: "todos estavam levando, por que não levar também?".

Finalmente, para a torcedora do Grêmio e os saqueadores de Pernambuco, o jornalista e escritor português, João Pereira Coutinho também vem em socorro: "(...) somos todos corajosos, somos todos covardes. E esperamos humildemente que o destino nunca se lembre de nos testar".

2.8 VALORES E COMPORTAMENTOS

Não podemos nos esquecer da relação umbilical entre valores e comportamentos. No princípio, tudo é comportamento. A maioria das pessoas começou a usar cinto de segurança porque sua utilização é obrigatória por lei, que, se descumprida, dá multa. Aos poucos, com o aumento da consciência adquirida com as informações sobre os benefícios da prática, as pessoas passaram a *valorizar* seu uso, em contraposição ao conforto de não utilizá-lo. Finalmente, chegou um momento que passaram a usar o cinto *mesmo* quando o guarda não estava observando. Nesse momento, a *figura do guarda* foi internalizado sob a forma de um valor. O teste definitivo para sabermos se é valor ou comportamento: 1) a pessoa viaja para um país onde o cinto de segurança não é obrigatório e, mesmo assim, ela o usa; ou 2) não dirige depois de beber, mesmo num país com legislação diferente da nossa.

A relação íntima entre valores e comportamentos fica mais clara quando nos damos conta dos muitos de entendimentos que se pode ter sobre uma palavra. Portanto, descrever os valores, sob a forma de comportamentos observáveis, é o recurso que garantirá a clareza que se pretende. Na maioria dos casos não bastam as palavras, somente as ações. Por exemplo, *integridade* é o valor com o maior número de menções na pesquisa: 25 das empresas estudadas o elegeram com um dos seus valores declarados, mas não estou seguro de que todas elas queiram dizer a mesma coisa. Podemos ter muitas definições para o mesmo valor. Analisarei essa questão mais à frente.

2.8.1 *DOS E DON'TS*

Algumas empresas explicitam seus valores de uma forma bastante enfática, publicando uma lista dos *"dos e don'ts"*. Para enfatizar o valor qualidade de vida dos seus funcionários, a Unilever explicita: "não marque reuniões antes das 9 am ou depois das 5 pm". Aqui o entendimento do que é qualidade de vida fica absolutamente claro para todos.

Durante a realização de uma pesquisa de valores para a caracterização da cultura de uma indústria, apareceu com destaque um valor – direitos humanos –, o que causou certo estranhamento na equipe que estava conduzindo o trabalho. A técnica do *focus group* ajudou a esclarecer: os operários se ressentiam da falta de cadeiras na linha de produção e, por alguma razão ou influência, traduziram isso como uma questão de direitos humanos, valor ausente naquela cultura para eles. Para a maioria das pessoas, a falta de cadeiras em um ambiente de trabalho não é interpretada como uma questão de direitos humanos.

2.8.2 QUANTOS VALORES

Possivelmente a maioria das pessoas jamais parou para contar *quantos* são seus valores pessoais. Dezenas? Quantas?

Mas, uma organização precisa decidir quantos são seus *valores centrais*. A pesquisa mostrou uma variação muito grande de valores. Algumas empresas declaram mais de dez.

Entendo que os valores centrais devam variar entre três e cinco. Porque são os *centrais* e valem para todos em toda a empresa; e porque as pessoas precisam saber quais são, sem recorrer a qualquer anotação. Este limite não significa que a empresa não tenha outros valores, tampouco desconsidera o fato de que algumas áreas têm valores específicos e mais importantes do que para outras. Exemplo: inovação e criatividade são valores mais importantes para uma área de pesquisa e desenvolvimento do que para a área de contabilidade.

2.9 MARCO FILOSÓFICO – UMA DECLARAÇÃO FORMAL

O MF é o mais importante documento de comunicação de uma empresa com todos os seus stakeholders. Seus elementos sempre estiveram presentes nas ações humanas – conscientemente ou não. Não há uma obra humana que não tenha sido o sonho – a visão – de alguém. A todas as obras foi dado um significado, uma função – a missão. Finalmente, todos os comportamentos humanos são a expressão visível de um valor. É inerente a nossa condição: somos os únicos seres capazes de planejar, de antecipar acontecimentos e de desenhar um futuro desejado.

Mais recentemente, as organizações passaram a expressar formalmente os elementos centrais da sua cultura por meio do marco filosófico. Ter um marco filosófico virou quase um modismo. Empresas de todos os tamanhos e atuando nos mais diferentes segmentos possuem sua visão, missão e valores. Na realidade, o que mudou foi o fato de passarem a explicitar, de forma estruturada, sua ideologia central: o que ela pretende conquistar, as razões pelas quais ela existe e quais são os valores que determinam seu comportamento: em relação ao mercado (clientes, concorrentes, parceiros), seus colaboradores, acionistas, sociedade, enfim, todos os chamados stakeholders.

As principais funções do marco filosófico são:

a) Inspirar as pessoas a direcionarem suas energias e motivações para a realização: elas precisam ter um motivo para irem trabalhar todos os dias, além da mera satisfação das suas necessidades básicas.

b) Orientar as pessoas nos seus processos decisórios quando as regras explícitas não forem suficientes, ou quando existirem zonas cinzentas.

Decisões baseadas em valores

A gestão baseada em objetivos funciona como um farol baixo: estreita e encurta o olhar. A gestão por valores amplia e alarga o olhar, estimula o protagonismo, a criatividade e a responsabilidade social.

Exemplo 1: Sonia Hess, presidente da Dudalina – uma confecção de camisas finas – acredita que "ambição é diferente de ganância". Em novembro de 2008, ela pode pôr à prova seus valores – decidiu parar a fábrica instalada no município de Luís Alves durante um mês para ajudar as vítimas das enchentes em Santa Catarina. A cidade ficou completamente debaixo d'água. O gerente da unidade disponibilizou o gerador da fábrica para o hospital da cidade. Ele não tinha como contatar os superiores para checar se podia ou não desligar o gerador da fábrica e ligá-lo ao hospital. Tomou essa decisão sozinho, baseado no seu entendimento dos valores da empresa e durante três dias não teve nem como checar com a direção da empresa. Quando as linhas telefônicas foram religadas, ele comunicou a direção e eles confirmaram que o gerador deveria ficar no hospital até que a eletricidade voltasse, o que ocorreu alguns dias depois. Outro aspecto interessante é que isso aconteceu no início de novembro, época de pico de produção, por causa das entregas para o Natal. Vários pedidos foram entregues com atraso, gerando custos e multas para a empresa, mas isso não mudou em nada a certeza de que esse gerente tinha feito a coisa certa. Depois desse incidente, a Dudalina doou um gerador para o hospital, de tal forma a garantir que os serviços de saúde nunca fossem interrompidos por falta de eletricidade.

Sonia afirmou que "perdemos um mês de produção, mas em nenhum momento questionei se seria a coisa certa a fazer. Tinha de fazer o que estava ao meu alcance, mesmo que isso prejudicasse os negócios. Sempre tive ambição, mas nunca fui gananciosa. A ganância é o pior sentimento que alguém pode ter".

Exemplo 2: uma telefonista da TAM, em uma noite em que não encontrou ninguém para decidir uma questão, tomou a iniciativa de despachar um jatinho para Curitiba, com uma peça que era esperada em Paranaguá para pôr um moinho de trigo em funcionamento. Quando o falecido Comandante Rolim perguntou por que ela havia tomado essa decisão, ela respondeu com outra pergunta: "Se o senhor estivesse aqui, o que teria feito?" E ele: "Claro que teria mandado o jatinho".

Os comportamentos do gerente e da telefonista foram a expressão do protagonismo que tanto as empresas perseguem e estimulam entre seus funcionários. O contexto propício ao protagonismo é aquele em que os valores orientam o comportamento. Quando os valores não estão declarados e não são vividos pela liderança, restam as regras e normas. Mas estas só estimulam comportamentos burocráticos, como observado em 2014 e noticiado pelo O Globo, 2/6/2014: "Um homem morreu, na manhã desta segunda-feira, supostamente vítima de um infarto, dentro de um ônibus da linha 422 (Grajaú-Cosme Velho), parado em frente ao Instituto Nacional de Cardiologia, na Rua das Laranjeiras, na Zona Sul do Rio. Aparentando cerca de 60 anos, ele agonizou por cerca de uma hora diante da unidade de saúde – que está em greve e não tem atendimento de emergência. Nesse tempo, contaram testemunhas, passageiros buscaram socorro no hospital, mas nenhum médico do instituto o atendeu.

Passageiros desceram para pedir ajuda na unidade, mas ouviram que não havia emergência e, por isso, o homem não podia ser atendido. Segundo funcionários do hospital, havia médicos de plantão. De acordo com um deles, na unidade coronariana, por exemplo, eram pelo menos três plantonistas".

Protegidos pelas normas – não havia setor de emergência na clínica – os médicos se omitiram diante de uma situação dramática, que só com um forte compromisso com valores poderia ser encaminhada. O conforto dado pelas normas é a certeza de que, ao cumpri-las, nenhuma consequência advirá e as consciências poderão dormir burocraticamente tranquilas.

Afinal, o que é o protagonismo?

Protagonismo é a ação *necessária*, tomada de forma consciente e determinada, para a resolução de uma situação-problema.

Ela é necessária porque há alguma coisa acontecendo em confronto com os valores das pessoas que estão direta ou indiretamente envolvidas com a situação.

Consciente porque o protagonista sabe o que está fazendo, mesmo que o movimento inicial tenha sido um impulso – ele não é menos consciente do que a ação longamente pensada.

Determinada porque o protagonista entra em ação na velocidade e com a energia necessárias. Seu movimento é contagiante, inequívoco, direto ao ponto.

2.9.1 OS MUITOS PRESIDENTES DE UMA EMPRESA: O ESTRATÉGICO E OS OPERACIONAIS

Quantos presidentes tem sua empresa? Um presidente estratégico e tantos *presidentes operacionais* quantos forem os seus colaboradores.

Em lugar de pedir que as pessoas se comportem como donos da empresa – expectativa e valor declarado de muitas organizações hoje em dia –, penso que seria melhor que se conduzissem como presidentes operacionais. Enquanto o presidente estratégico tem o poder de formular a estratégia, o presidente operacional é aquele que a implementa. Se a estratégia estiver orientada *também* por valores, as pessoas saberão o melhor a ser feito diante de situações como as vividas pelo gerente da Dudalina e a telefonista da TAM. Os dois foram os presidentes operacionais das suas empresas naqueles momentos.

No caso da TAM, a forte orientação para o cliente era a marca registrada da empresa e esse valor era vivido diariamente pelo Comandante Rolim. Ele era visto com frequência recolhendo cartões de embarque e também carregando malas de passageiros. Ao realizar tarefas *operacionais*, o presidente *estratégico* sinalizava que, dentro de limites razoáveis – um despachante não poderia pilotar um avião, por exemplo – todos deveriam fazer aquilo que fosse necessário para cumprir o compromisso de orientação para o cliente.

O crescimento da TAM deu-se num mercado onde suas três concorrentes – Varig, Vasp e Transbrasil – se comportavam como se fossem burocráticas repartições públicas. Rolim revolucionou a aviação comercial brasileira estendendo literal e simbolicamente o tapete vermelho para o passageiro.

2.9.2 AS TENTAÇÕES E AS OPORTUNIDADES DO CAMINHO

O caminho de uma empresa está sempre cheio de tentações – se ela não sabe o que quer, nem aonde quer chegar, ficará à mercê das forças que atuam o tempo todo sobre ela, para atender aos seus próprios interesses. Entretanto, o caminho também está sempre cheio de oportunidades para o enriquecimento cultural que vai dar origem ao protagonismo e ao *empowerment* dos seus funcionários, ilustrado pelos dois exemplos anteriores.

Sempre existirão zonas cinzentas, aquelas que as normas da empresa não cobrem, até porque se assim pretenderem seus dirigentes – regulamentar todos os comportamentos e decisões –, eles paralisarão a empresa, engessando as pessoas num emaranhado de normas, tal qual um órgão público.

A gestão por valores define margens dentro das quais as pessoas podem decidir e correr riscos. Poderão, obviamente, errar, mas algumas empresas assumem que "erros honestos são bem-vindos": aqueles que são cometidos quando se queria acertar.

De um ponto de vista axiológico, as decisões do gerente da Dudalina e da telefonista da TAM foram *boas*. Do ponto de vista das normas elas foram *erradas*: nenhum dos dois poderia ser punido *se não tivessem feito o que fizeram*. E é de se imaginar que, no limite, eles poderiam ser demitidos se trabalhassem em outras organizações.

Novamente, nos dois exemplos citados as intenções das duas pessoas eram boas – baseadas em valores – e encontraram eco junto aos dois presidentes das empresas. Tanto num caso como no outro, o gerente e a telefonista sabiam quais valores seus presidentes usariam para avaliar seus comportamentos, mesmo que não estivessem escritos.

A questão central é *congruência*, portanto: qual é a distância entre as declarações formais da cultura daquela organização e o comportamento real das pessoas?

Quando estou assessorando uma empresa no seu processo de transformação cultural, sempre há um momento que é a hora da verdade: quando suas lideranças estão definindo ou revisando seu marco filosófico. Meu papel é ajudá-los a ser maximamente congruentes. Quando propõem declarar que são éticos, por exemplo, eu os provoco: "e se aparecer o fiscal da prefeitura?". Se percebo alguma hesitação, estimulo-os a desistir dessa declaração, pois ela será letra morta rapidamente, pondo em cheque tudo o mais. Uma única vez a resposta à minha pergunta foi: "pode aparecer e sairá de mãos vazias". Nessa organização, podiam assumir que são éticos, cumpridores das suas obrigações e que não têm medo de fiscais corruptos.

Nessa hora, é fundamental a combinação de uma atitude realista – o que de fato a liderança é capaz de assumir e praticar –, mais um sonho capaz de mobilizar e motivar as pessoas.

2.9.3 O PROCESSO DE FORMULAÇÃO DE UM MARCO FILOSÓFICO

O processo de formulação de um marco filosófico não pode ser o cumprimento de uma obrigação. Não é uma tarefa da qual as lideranças podem se desvencilhar rapidamente. É, ao contrário, um momento de inspiração, de maturação, de conexão com a essência do negócio, orientado pela razão mais profunda da existência daquela organização.

Portanto, a primeira condição para criar esse ambiente é a de que os líderes estejam, eles próprios, alinhados em torno dos valores que serão expressos na visão e na missão. Em outras palavras, quando não há confiança, abertura e um profundo senso de equipe, é melhor não iniciarem o trabalho de formulação do MF, pois há grande chance de ser uma mera tarefa burocrática e seu produto, desde o início, estará desacreditado pelos seus próprios criadores.

Na introdução deste livro, falando sobre a minha experiência como consultor e facilitador nos processos de transformação cultural, mencionei que, no passado, havia assessorado empresas na definição do MF e que eles, apesar de bem definidos, ficaram enfeitando paredes.

Sempre me senti desconfortável com esses resultados. Até conhecer, em 1994, a metodologia *The Human Element*, formulada por Will Schutz, mundialmente conhecido pela teoria tridimensional FIRO – *Fundamental Interpersonal Relations Orientation*. Desde então, incorporei a metodologia como parte do processo de formulação do MF, e passei a chamá-la de heterodoxa, conforme descrevi na apresentação deste livro.

The Human Element foi desenhado como um workshop, durante o qual os participantes têm uma profunda e estruturada experiência de autoconhecimento, prática de abertura e feedback, que foca a resolução de problemas de relacionamento. Uma das premissas centrais do método é: a abertura é o grande simplificador. Mas, ela – a abertura – é também a prática que leva à construção da relação de confiança entre os membros de um time, condição fundamental para a construção de uma equipe, de uma visão e para o sucesso de qualquer projeto.

Entre os aplicativos que compõem o workshop, um método de tomada de decisão é uma das mais poderosas ferramentas para o processo de formulação do marco filosófico. Schutz denominou-o *método da concordância*. Ele está estruturado a partir das três dimensões FIRO: *inclusão, controle e abertura*. E seu diferencial mais importante é: o grupo assume que a decisão só será tomada com 100% de concordância. Se uma única pessoa discordar, o grupo entende que ainda não tem uma decisão a respeito.

Naturalmente, uma proposição dessa natureza encontra resistências na maioria dos executivos, que foram treinados e valorizados por processos de tomada de decisão rápidos e, frequentemente, individuais e, mesmo quando grupais, a participação das pessoas é, no mais das vezes, meramente figurativa, prevalecendo a posição de uns poucos, seguida da anuência passiva da maioria. A consequência prática dessa forma de decidir é dada pela quantidade de decisões tomadas e que não foram implementadas em todas as empresas. As pessoas sabem muitas formas de sabotar uma decisão na qual foram voto vencido. Sábias, conseguem também bons álibis quando são questionadas sobre as razões dos atrasos e procrastinações.

O processo decisório em grupo exige duas importantes habilidades do gestor ou de qualquer pessoa que o esteja liderando: saber lidar com o fenômeno das "agendas secretas" e saber manejar as técnicas de dissolução de conflitos.

As "agendas secretas" são universais e onipresentes em praticamente todos os encontros humanos. São aquelas questões sobre as quais as pessoas ainda não tem condição de falar abertamente, mas que apesar de secretas, estão determinando o comportamento de todos em volta da mesa. Seu conteúdo mais frequente envolve medos: de ser ignorado (inclusão); de ser humilhado (controle); e de ser rejeitado (abertura). Schutz ensina: quanto mais rígido o comportamento de uma pessoa em uma reunião – o excesso de argumentação é a pista para identificar a rigidez –, mais ancorado ela estará nos medos. Ao perceber a esgrima de argumentos, um gestor experiente perguntará a si mesmo nessa hora: "qual é o medo que está determinando essa rigidez?". Assim, poderá encontrar uma forma de encaminhar a agenda secreta do seu interlocutor.

A existência de muitas agendas secretas poderá levar a decisão a um impasse. Se o processo for o tradicional, o gestor manobrará para decidir ao seu modo e de acordo com sua agenda. Se, entretanto, a decisão for por concordância, ele precisará dominar uma técnica de dissolução de conflitos. É um manejo delicado e exigente, especialmente na criação de um ambiente de abertura para que as pessoas possam falar madura e responsavelmente sobre seus medos[33].

O entendimento é que o impasse não é ruim: ele é bom porque significa que existem diferenças que precisam ser entendidas e encaminhadas e, mais importante, o processo de dissolução de conflitos bem conduzido vai fortalecer os vínculos entre aquelas pessoas, pela coragem da abertura, pelo reconhecimento de que todos temos medos e inseguranças – um lado que não é tão bonito assim, mas, que ao ser compartilhado, pode ser acolhido e tratado pelo grupo.

---

33. A Marcondes Consultoria realiza periodicamente programas de formação de trainers da metodologia The Human Element, habilitando consultores, líderes e profissionais de RH nas técnicas descritas.

Nas formas tradicionais de tomada de decisão – centralizada, participativa, consensual, etc. –, como a inclusão não está vinculada ao controle, ela garante apenas um lugar à mesa e se traduz frequentemente por comportamentos de omissão, submissão e apatia. Decisões por maioria trazem, na sua essência, a condição propícia para a sabotagem: quem vai apoiar, de coração, uma decisão na qual foi voto vencido? Na tomada de decisão por concordância, quem é incluído tem voz, voto e veto, e essa combinação se traduz sob a forma de um comportamento responsável e maduro.

2.9.3.1 OS TRÊS CRITÉRIOS

O critério da *inclusão* define quem participará da tomada de decisão: aqueles que se interessam pelo tema, que têm uma contribuição a dar e, principalmente, serão responsáveis pela implementação da decisão.

A dimensão do *controle* estabelece que todos têm direito – e o dever, visto que foram incluídas no processo – de voto e veto. Essa condição, frequentemente, assusta o gestor da equipe que está tomando a decisão: sua primeira reação é imaginar que perderá poder para seus colaboradores, pois qualquer um poderá vetar a decisão. Entretanto, ele também tem o poder de veto, mas pelas regras estabelecidas, o grupo espera que ele traga boas razões para isso e que a negativa não seja apenas a expressão de um poder autoritário. Aos poucos, o gestor percebe que ele não perdeu poder, que os outros ganharam, tudo em prol de decisões que não sejam sabotadas depois.

Finalmente, a abertura é a condição fundamental para que as pessoas possam falar das suas agendas e o grupo encontrar uma forma adequada de encaminhá-las.

2.9.3.2 UMA DECISÃO CONCORDANTE

Certa ocasião, apoiando um grupo na revisão do MF, um participante trouxe uma questão que o incomodava: a praxe de fazerem atas de todas as reuniões da diretoria. Ele e outros argumentaram que elas eram desnecessárias, ninguém as lia etc.

Percebendo que o assunto era importante e que valia a pena submetê-lo a uma tomada de decisão concordante, propus então que o fizessem. A regra era simples: quem concorda com a decisão proposta – acabar com a ata – deve apenas, e tão somente, dizer sim. Qualquer coisa que não for sim, será entendido como não. Em sequência, cada um foi se manifestando. Quando chegou a vez do presidente, ele disse não. Como foi o único, todos se voltaram para ele à espera de uma explicação. Ele se pôs a argumentar sobre a importância do registro das decisões e blá, blá, blá...

Minha intuição me dizia que havia uma agenda secreta. Fui direto: "Fulano, qual é o seu medo?". E ele: "De ser ferrado". Fiz então a pergunta que não queria calar: "Por quem?". "Por ele", respondeu apontando para o irmão – o vice-presidente.

Ele desvelou aquilo que até as pedras da rua sabiam, mas ninguém tratava. Naturalmente, os problemas remontavam à infância dos dois e envolviam mágoas e ressentimentos que só um processo terapêutico poderia resolver, mas que prejudicava diretamente o desempenho da empresa. Como nenhum dos dois estava disposto a tratar do problema, ele persistia.

Voltando à ata, o grupo percebeu que mantê-la era importante para o presidente e que eles poderiam conviver com o desconforto de fazê-la, em respeito à sua necessidade.

O latente foi desvelado. Cerca de seis meses depois, decidiram profissionalizar a gestão, ambos – presidente e vice – foram para o Conselho de Administração. Um ano depois, a empresa foi vendida para um grupo de investidores. Cada um dos dois foi cuidar da sua própria vida e a empresa – e os empregos – foram preservados.

3
Pesquisa

"As melhores e maiores empresas
e seu marco filosófico"

A qualidade técnica dos inúmeros marcos filosóficos com os quais me deparei foi a primeira questão que motivou a realizar este estudo e me levou a realizar uma pesquisa com as maiores empresas do Brasil, segundo a revista *Exame*[34].

Por qualidade técnica, entenda-se se a formulação obedeceu a um conjunto básico de condições comumente aceitas como necessárias e, também, se o enunciado atendeu ao seu propósito mais importante: motivar, orientar as decisões e dar significado ao trabalho humano na organização.

A primeira constatação foi que nem todas as empresas possuem os três elementos no seu MF – visão, missão e valores. Algumas declaram apenas os valores, outras utilizam outras expressões – propósito, razão de ser, nosso jeito etc. Em muitos casos, o MF no todo ou em parte não está explicitado no site da empresa.

---
34. *Exame* – Maiores e Melhores 2013.

Em alguns casos, meu trabalho foi o de localizar, em meio a outras declarações, onde a empresa posiciona os elementos do MF. Também encontrei muitos enunciados em que seus três elementos aparecem numa ordem diferente daquele que adoto, por exemplo, quando a missão aparece em primeiro lugar no MF. Outras vezes, o conteúdo do enunciado não condiz com o nome dado: a empresa denomina missão, mas o conteúdo seria mais apropriadamente de uma visão, e vice-versa.

A pesquisa foi feita a partir das declarações constantes nos sites das empresas na internet durante o 1.º semestre de 2014. Como nem todas as 100 maiores declaram seu MF, pesquisei as empresas colocadas nas posições seguintes, até atingir uma centena. Portanto, a última empresa ocupava a 152.ª posição no ranking da revista.

A referência teórica para a análise dos dados é o *Modelo dos níveis* de consciência, desenvolvido por Richard Barrett, psicólogo inglês, criador de uma abordagem derivada do *Modelo de necessidades de Maslow*.

Segundo Barrett, são sete os níveis de consciência das pessoas[35], das organizações e das nações. Para cada nível de consciência, existem valores específicos e estes dividem-se, por sua vez, em individuais, relacionais, organizacionais e sociais. A pesquisa, que é feita com sua metodologia, visa a identificar os valores – do indivíduo, da organização e do país – e sua distribuição nas categorias e nos sete níveis de consciência, conforme o quadro a seguir.

3.1 MODELO ADOTADO: 7 NÍVEIS DE CONSCIÊNCIA CORPORATIVA

Richard Barrett descreve as características de cada um dos níveis de consciência e como se comportam as organizações em cada um deles. Ele sempre destaca que o comportamento é o da empresa *enraizada naquele* nível. Como as organizações

---

[35] Você pode ter acesso a uma dos instrumentos que Barrett desenvolveu para conhecer seus valores pessoais – é free – acesse <www.valuescentre.com/pva>.

O poder de uma visão inspiradora

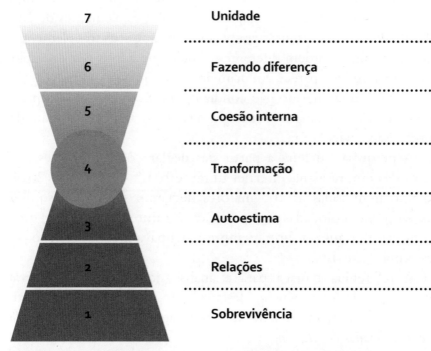

7	Unidade
6	Fazendo diferença
5	Coesão interna
4	Tranformação
3	Autoestima
2	Relações
1	Sobrevivência

7. Serviço à humanidade
Perspectiva: longo prazo, futura gerações, direitos humanos.

6. Colaboração com os clientes e comunidade local
Alianças estratégicas. Funcionários satisfeitos e preocupados com o ambiente.

5. Desenvolvimento da comunidade corporativa
Cultura de valores: positiva e criativa. Visão e valores compartilhados.

4. Melhoria Continua
Aprendizagem e inovação. Crescimento oganizacional através da participação dos trabalhadores.

3. Ser os melhores, melhores práticas
Produtividade, eficiência, qualidade, sistemas e processos: Burocracia, complacência.

2. Relações suportam as necessidades corporativas
Boa comunicação entre funcionários, clientes e fornecedores. Manipulação, culpa.

1. Lucro e valor pra os acionistas
Relatórios financeiros, funcionários seguros e saudáveis. Controle em excesso.

FIGURA 5

raramente estão concentradas em um único nível, as descrições são meramente ilustrativas. Como os valores são os das pessoas, decisões que mobilizam diferentes níveis de consciência geram tensão entre as pessoas, aquelas que estão liderando naquele momento.

Eis como Barrett caracteriza cada nível de consciência organizacional:

Nível 1 – Consciência da sobrevivência
Foco: é a primeira necessidade; saúde financeira é a principal preocupação.
Se as empresas ficam enraizadas neste nível, elas têm:
- Preocupação exagerada com resultados financeiros e insegurança quanto ao futuro;
- Tentam apaziguar a insegurança com controles e comportamento territorial;
- Não estão interessadas em alianças estratégicas;
- A incorporação é um jogo: compram e pilham os bens;
- Veem as terras e as pessoas como recursos a serem explorados;
- Apresentam uma mínima adaptação às leis: sentem-se vitimadas por qualquer regra que limite sua liberdade de fazer dinheiro.

Nível 2 – Consciência do relacionamento
Foco: enraizadas neste nível, as organizações dão importância:
- Aos relacionamentos não pelo que possam dar, mas pelo que podem receber;
- São fortes na tradição e imagem;
- Fracas na flexibilidade e iniciativa;
- Regras são importantes: pouca confiança;
- Exigem disciplina e obediência;
- Se forem empresas familiares, limitam seu crescimento: não confiam em estranhos para ocupar posições administrativas.

Nível 3 – Consciência da autoestima
- É visível em empresas com desejo de grandeza: querem ser as maiores ou melhores, são competitivas;

- Consideram a administração uma ciência;
- Concentram-se em melhorar a produtividade, eficiência, administração do tempo, qualidade;
- Estão prontas para treinar seu pessoal;
- O controle é mantido por estruturas de poder hierárquicas. Fortes necessidades de status, privilégios e reconhecimento dos administradores;
- Pode degenerar em burocracia.

Nível 4 – Consciência da transformação
Foco: reconhecimento e renovação.
- Essa é a ponte que as empresas devem cruzar se desejarem criar coesão organizacional e mudar seus sistemas de crenças;
- As empresas entram no processo de transformação:
– ou porque é o próximo passo natural da sua evolução;
– ou porque sua viabilidade está ameaçada.
- Em ambos, o processo começa com a participação e o envolvimento dos funcionários;
- Durante a transformação, a cultura da organização muda:
– do controle para a confiança;
– da punição para o incentivo;
– da exploração para a propriedade;
– do medo para a verdade.

Visão e missão: são meios para desenvolver a identidade central e a coesão interna.

Nível 5 – Consciência da organização (coesão interna)
Foco: conexão interna.
- Cultura positiva: realização do funcionário;
- Encoraja níveis mais elevados de produtividade e criatividade;
- Valores: transparência e igualdade;
- Encoraja-se o risco. Fracassos viram lições;
- Importância do significado e propósito no trabalho.

Nível 6 – Consciência da comunidade
Foco: conexão externa.

- Parceria com clientes, fornecedores e apoio à comunidade local;
- Buscam sustentar a economia local;
- Vão além de respeitar a lei "ao pé da letra", ao lidar com suas responsabilidades;
- Preocupam-se com o funcionário em todas às suas necessidades: físicas, emocionais, mentais e espirituais.

Nível 7 – Consciência da sociedade (serviço)
Foco: serviço à humanidade.
- Preocupam-se profundamente com a ética, a justiça, a paz, direitos humanos e o impacto das ações presentes nas gerações futuras: desenvolvimento sustentável;
- Ativismo e filantropia consciente presentes na estratégia corporativa.

Nos três primeiros níveis podem existir valores potencialmente limitantes – burocracia, controle, manipulação etc. e sua presença e quantidade vai determinar o grau de entropia da cultura; portanto, a quantidade de energia dispendida de forma inútil na organização.

Barrett representou os níveis de consciência por meio de duas pirâmides invertidas. Na interseção delas ele situou o nível 4 – Transformação. Passar pela intersecção exige uma profunda reflexão e aprendizado que permite à pessoa e à organização transcender para níveis mais elevados de consciência. A partir daí, não operam mais sob a égide do medo. As pessoas e organizações que estão concentradas nos níveis 1, 2 e 3 focam sua atuação na força de identidade vertical. Quando completam seu processo de aprendizado, podem abrir-se para as ricas e desafiadoras experiências da identidade horizontal, nos níveis 5, 6 e 7 de consciência.

São os níveis de consciência que determinam a visão do futuro de uma organização. Podemos ter visões em cada um dos sete níveis.

3.2 VISÃO DO FUTURO – ANÁLISE DOS RESULTADOS

3.2.1 ANÁLISE DAS VISÕES

Como devem ser a expressão da cultura de uma organização, todas as visões são legítimas. Todavia, são passíveis de crítica quando se olha para seu papel como elemento de motivação e inspiração para as pessoas que lá trabalham. Entendo que as boas visões são aquelas que, ao lado de proporcionar elementos para decisões nos momentos "cinzentos", transcendem os níveis básicos de motivação e inspiram as pessoas a operar em um nível mais elevado de consciência.

Nesse sentido, posso afirmar que a maioria das visões da amostra pesquisada não é inspiradora: são pobres, burocráticas e pouco originais.

3.2.2 A ERA DO UMBIGO

Quando o enunciado das visões das 100 maiores empresas é submetido ao software *Many Eyes*[36], as duas palavras mais frequentes e destacadas são: ser e melhor.

A maioria das visões – cerca de 81% (70) – são de nível de consciência 3, quando a organização está centrada em ter as melhores práticas, ser a melhor no seu segmento e preocupar-se com produtividade, eficiência, sistemas e processos.

Uma empresa precisa, realmente, olhar para seus processos, sistemas, práticas. Entretanto, tudo isso são *meios*. Assim, quando a visão do futuro é de nível 3, trata-se de culturas autocentradas, que focam sua própria autoestima e "olham para o próprio umbigo".

Exemplos: "Ser a melhor empresa de varejo do Brasil", "Ser uma empresa de classe mundial" ou "Simplesmente a melhor da década", entre outras.

Os termos melhor e melhores aparecem em 48% das visões; 12% das organizações querem ser líderes nos seus segmentos; as

---

[36]. Desenvolvido pela IBM.

As visões do futuro

FIGURA 6

palavras reconhecida e reconhecido, integram 18% das visões; 9% pretendem ser admiradas ou a mais admirada do setor ou do país; 20% almejam ser referência no setor; e 8% querem ser as maiores do setor.

Uma boa visão é autoexplicativa. O que significa "ser a melhor empresa de varejo"? Melhor no quê? Melhor para quem? À falta de maior clareza, elas – as visões genéricas – se assemelham mais a slogans.

Algumas empresas foram ao extremo: até há pouco tempo, a Alcoa declarava querer "ser a melhor empresa do mundo", sem, contudo, explicar seu entendimento do que isso significava. Hoje sua visão é um slogan: "Alcoa. Avançando cada geração".

3.2.3 NO PRINCÍPIO... É O SUBSTANTIVO

A maioria das visões – aproximadamente 88% – começa com um verbo, e 72% usam o verbo ser. Essa é a característica mais comum nas visões pesquisadas, *resultado* de uma concepção equivocada do que seja esse conceito. Verbo indica ação. Visão é o "efeito de ver", é resultado. Portanto, as visões devem ser redigidas com um substantivo, indicando um resultado *visível*.

Insisto que essa não é uma questão meramente formal. Ela pode ter importantes implicações. A visão "Ser a melhor empresa de bebidas em um mundo melhor", é alterada na sua essência quando retiramos o verbo: "a melhor empresa de bebidas em um mundo melhor". Antes ela era uma "ação em movimento" – seremos –, agora é um resultado. Mas poderão argumentar: "nós ainda não somos a melhor empresa de bebidas!". Então, tenham a "coragem das suas convicções", assumam que são a melhor empresa e honrem todos os dias – pelas suas práticas – essa declaração.

Em realidade, retirar o verbo traz o futuro para o presente e ele passa a emoldurar todas as ações atuais, com impactos no desempenho e motivação das pessoas. Manter o verbo é dar às pessoas um álibi, uma desculpa: "seremos".

Portanto, se é para motivar e inspirar, a liderança tem que ter a coragem de assumir a visão como um resultado – ainda que impredizível.

3.2.4 PRAZO DE VALIDADE: COMO O DO VINHO – INDETERMINADO

São temporais e/ou quantitativas cerca de 11% das visões: "Atingir R$1 bilhão em faturamento em 2016, com rentabilidade, promovendo impacto positivo no meio ambiente". As visões devem ser atemporais e não quantitativas porque senão o que vai ocorrer quando a data e/ou o valor for alcançado? Além da pobreza óbvia, uma visão temporal ou quantitativa não é uma visão, é uma meta ou um objetivo.

3.2.5 TAMANHO É DOCUMENTO: *SMALL IS VERY, VERY BEAUTIFUL*

A menor visão foi redigida com três palavras; a maior, com 66. Média: 18 palavras por visão.

Na maioria das vezes em que pergunto "qual é a visão da sua empresa?", as pessoas têm que recorrer a algum documento, abrir um arquivo no seu computador ou virar-se para o vizinho em busca de socorro. Este é um indicador simples de como as visões não estão servindo às pessoas.

Uma boa visão deve ter meia dúzia de palavras. O desafio é o poder de síntese e concisão pela razão óbvia: as pessoas precisam saber de cor a visão que as inspira. Uma visão longa é uma declaração impossível de ser lembrada.

3.2.6 TENSÃO INTERNA – O DESAFIO PARA O ESTRATEGISTA

O elemento motivador de uma visão pode estar presente tanto naquilo que a empresa declara como sua realização, como também entre os elementos a compõem. Tenho observado que boas visões trazem uma tensão interna entre seus elementos, de modo a estimular as pessoas a atuar de forma estratégica para administrar o conflito que está explícito ou implícito na declaração. É como se a visão fosse também uma provocação. As duas visões que mencionei no início – da Monsanto e da Volvo, são exemplares pela tensão existente entre seus elementos.

Qualquer visão que contemple, por exemplo, algum resultado (ou segmento de produto) x sustentabilidade, trará um desafio que só será resolvido com criatividade e inovação. Apenas cerca de 27% das visões têm no seu enunciado alguma forma de tensão interna.

Um dos melhores exemplos da combinação de tensões internas com a estratégia foi dado por uma das figuras mais visionárias e controvertidas da história do capitalismo e da indústria: Henry Ford (1863-1947). A partir de uma visão ("um carro em cada garagem"), mais tarde copiada por Bill Gates ("um computador em cada escrivaninha, em cada lar"), ele foi criando tensões internas que revolucionaram a indústria e o marketing.

Theodore Levitt[37] diz que "Ford foi ao mesmo tempo o mais brilhante e o mais insensato negociante da história dos Estados Unidos. Foi insensato porque se recusou a dar aos fregueses qualquer coisa que não fosse um automóvel preto. Foi brilhante porque idealizou um sistema de produção destinado a atender as necessidades do mercado. Em geral, nós o homenageamos por um motivo errado: seu gênio em matéria de produção. Na

---

37. LEVITT, Theodore. Miopia em marketing. Harvard Business Review. Watertown: Harvard Business Publishing, jul. 1960.

realidade, ele era um gênio em marketing. Acreditamos que ele conseguiu reduzir o preço de venda e assim vender milhões de automóveis a 500 dólares, cada um graças à sua invenção da linha de montagem, que diminuía os custos. Na realidade, ele inventou a linha de montagem porque concluíra que, a 500 dólares por unidade, ele poderia vender milhões de automóveis. A produção em massa foi o resultado e não a causa dos preços baixos". Primeiro Ford estabeleceu o preço máximo que deveria custar o seu automóvel – um pensamento revolucionário para a época: a ponta do mercado definindo os custos! Curiosamente, dobrou o salário/dia dos operários (de 2,40 dólares para 5 dólares); reduziu a jornada (de 9 para 8 horas) e encontrou a forma para dar conta de todos esses desafios: a linha de montagem – "o trabalho deve vir até o homem, e não o homem até o trabalho". Assim, em 1925 um carro emergia das linhas de montagem a cada 15 segundos.

3.2.7 QUEM ESTÁ DENTRO

A seguir as menções específicas nas visões:
- Funcionários e colaboradores foram mencionados: 5 vezes;
- Acionistas: 5 vezes;
- Clientes e consumidores: 23 vezes;
- Meio ambiente ou ambiental: 4 vezes;
- País, Brasil ou brasileiro(a): 17 vezes;
- Mundial ou global: 16 vezes;
- Sociedade: 6 vezes;
- Sustentabilidade: 5 vezes;
- Sustentável: 13 vezes;
- Rentabilidade: 11 vezes;
- Qualidade: 9 vezes;
- Excelência: 8 vezes.

Observa-se que as visões privilegiam os clientes e consumidores, quando deveriam orientar os colaboradores e informar à sociedade como a organização encontra a realização. Para essas organizações, as visões seriam parte de uma estratégia de marketing, mais do que guias para orientar as decisões e o comportamento dos seus líderes e funcionários.

3.3 MISSÃO – ANÁLISE DOS RESULTADOS

Da amostra, 81 empresas declararam suas missões.

Constatação: algumas missões seriam ótimas visões. Por essa razão, acredito, muitas empresas invertem a ordem: a missão vem antes da visão.

Em termos práticos, se essas estruturas estão cumprindo seu papel e funções, não vamos criar uma guerra religiosa classificando de hereges aqueles que usam outra taxonomia. Uma discussão semelhante sempre existiu na definição da hierarquia entre objetivos e metas. E as pessoas jamais chegaram a um acordo.

O papel da missão é o de atender a quatro requisitos: o negócio, o crescimento, o cliente e o acionista.

No universo pesquisado, apenas 15% das missões das empresas identificam o negócio em que atuam; orientam como vai se dar o crescimento; focam o cliente e o acionista.

Um exemplo de missão que atende aos quatro requisitos: "Prover soluções de energia sustentável, por meio de tecnologia, talento e agilidade, maximizando valor para os clientes e acionistas, e contribuindo para a sociedade".

Todavia, pela sua generalidade, outras missões não cumprem nem um dos seus papéis: "Criar valores diferenciados". Já esta, com ajustes, poderia ser uma boa visão: "Gerar energia para a vida".

O acionista não tem merecido atenção das lideranças quando estas definem a missão: 73% não focam o acionista. Mas os clientes têm mais sorte: 35% não focam o cliente. O crescimento e a definição do negócio não estão definidos apenas para 22% das empresas.

3.4 VALORES – ANÁLISE DOS RESULTADOS

Os valores declarados

Confiança Espírito Meritocracia Qualidade
Compromisso/acionista Segurança Valorização/pessoas
Transparência Humildade Satisfação/cliente Abertura
Foco/resultados Criação/valor Rentabilidade Integridade
Compromisso Respeito Autonomia
Respeito/pessoas Foco/cliente Paixão Cooperação
Eficiência Sustentabilidade Disciplina
Empreendedorismo Resultados Performance Responsabilidade/social
Trabalho/equipe Comprometimento Inovação Excelência Diversidade
Melhoria/contínua Liderança
Responsabilidade Respeito/meio-ambiente
Ética Simplicidade

FIGURA 7

A imagem a seguir destaca os valores mais presentes nos MFs das empresas pesquisadas.

Percentualmente a distribuição é a seguinte:
Integridade	4,7%
Ética	4,0%
Inovação	3,8%
Respeito às pessoas	3,8%
Sustentabilidade	2,8%
Segurança	2,8%
Confiança	2,5%
Empreendedorismo	2,5%
Excelência	2,5%
Responsabilidade	1,9%
Trabalho em equipe	1,9%

Já mencionei anteriormente que teríamos, possivelmente, muitas definições para o valor integridade. Uma busca nos sites das empresas pesquisadas comprova a hipótese.
"Integridade: comportamento empresarial ético."
  Comentário: definição genérica e o definido entrando na definição.
"Agir com integridade."
"Com integridade de comportamento."
  Comentário: definições genéricas.

"Integridade: a (empresa) tem uma conduta íntegra e transparente em relação aos negócios, observando as boas práticas de governança corporativa nas atividades diárias e nos relacionamentos entre os funcionários, clientes, fornecedores e acionistas."

Comentário: de modo geral é uma boa definição, mas falta saber o que são "as boas práticas de governança."

"Integridade: honrar compromissos e agir com transparência e honestidade."

Comentário: "honrar compromissos" é responsabilidade, não integridade.

"Integridade: atuamos com seriedade no cumprimento às leis e respeito aos princípios morais, primando pela dignidade e ética nas relações. Adotamos uma postura honesta e transparente com todas as partes envolvidas em nosso negócio."

Comentário: esta empresa é realmente "honesta e transparente com *todas as partes envolvidas no seu negócio?*".

Este último comentário não tem nenhuma conotação de ordem moral, não estou interessado em fazer julgamentos sobre o comportamento das empresas, apenas preocupado com clareza e congruência. Pelas razões que já apresentei, a falta de congruência torna, em minutos, letra-morta[38] qualquer declaração.

Um dado positivo foi o número de valores: em média 5,2 valores por empresa, um pouco acima do máximo ideal. Entendo que o número de valores centrais declarados deve ser de 3 a 5, conforme apresentei anteriormente.

Da mesma forma que para a visão, *menos é mais*.

3.5 VALORES & VISÕES – O ALINHAMENTO

Quando os valores e visões são distribuídos pelos 7 níveis de consciência do Método Barrett, veja na próxima página os resultados:

Ainda segundo Barrett, os valores estão divididos em 4 categorias: (I) individuais; (R) relacionais; (O) organizacionais e (S) sociais.

---

38. "Disposição ou preceito que já não tem autoridade nem valor". *Dicionário da Língua Portuguesa com Acordo Ortográfico*. Porto: Porto Editora, 2003-2015.

Valores & visões

	Valores			Visões
1. Integridade	25	5	(I)	
2. Ética	21	7	(O)	
3. Inovação	20	4	(O)	
4. Respeito às pessoas	20	2	(R)	
5. Sustentabilidade	15	7	(S)	
6. Segurança	15	1	(O)	
7. Confiança	13	5	(R)	
8. Empreendedorismo	13	4	(O)	
9. Excelência	13	3	(O)	
10. Responsabilidade	13	4	(I)	
11. Trabalho em equipe	10	5	(O)	

Figura 8

Dos 11 valores mais encontrados na pesquisa, 2 são individuais; 2 são relacionais; 6 são organizacionais e 1 é social.

A distribuição dos valores mais votados pelos níveis de consciência mostra que, com exceção do nível 6 – Consciência da comunidade, que foca a conexão externa, todos os outros níveis estão contemplados. O nível 6 indica o quanto a organização foca genuinamente a colaboração com os clientes, parceiros e comunidade local. Indica o quanto a organização é capaz de estabelecer alianças estratégicas ganha-ganha.

Há uma concentração importante no nível 5 – Consciência da organização, que foca a conexão interna, por meio de uma cultura centrada na realização do funcionário, pelo encorajamento para graus mais elevados de produtividade e criatividade, valorizando a transparência e a igualdade. Na organização que opera nesse nível, a "cultura do erro" se traduz no encorajamento para a tomada de risco e os eventuais fracassos viram lições. Destacam a importância do significado e o propósito do trabalho.

Enquanto os valores se encontram bem distribuídos pelos níveis de consciência, 81% das visões do futuro estão concentradas no nível 3 – Consciência da autoestima. Aqui encontramos empresas com desejo de grandeza, que querem ser as maiores ou melhores, detentoras de culturas competitivas. Elas estão preocupadas em melhorar a produtividade, eficiência, administração do tempo e qualidade, pelo treinamento do seu pessoal. Nelas, o controle é mantido por uma estrutura de poder hierárquica. Seus gestores têm forte necessidade de status, privilégios e reconhecimento. Todas essas características podem degenerar em burocracia. Como já destaquei anteriormente, nas empresas que operam nesse nível, há uma predominância do olhar para o "próprio umbigo".

A relação entre os valores e a visão do futuro tem duas mãos: do ponto de vista ideal, os valores devem sustentar a visão e esta ser, ao mesmo tempo, a expressão da essência da organização. Considerando o desalinhamento entre os valores – bem distribuídos nos níveis de consciência – e as visões – concentradas num único nível –, a pergunta que não quer calar é: onde está a verdade?

Pela prática, acredito que os enunciados da visão expressam a verdade sobre as empresas. Assim sendo, cabe indagar por que as empresas escolheram valores que não estão relacionados às visões do futuro que elas definiram? Simples: é bom declarar valores como integridade, ética, inovação, respeito às pessoas, etc., mas é muito difícil levá-los à prática, alterando políticas, procedimentos e processos. As empresas podem se livrar desse dilema assumindo somente os valores que, ao lado de expressar sua essência, são capazes de traduzir em comportamentos observáveis.

3.6 WISHFUL THINKING[39]

Nem todas as empresas traduzem os valores em comportamentos, pelo menos nos seus sites na internet. Entretanto, é possível que internamente elas façam algum tipo de tradução e a subsequente comunicação para seus funcionários. Mas, aquelas que os traduziram e divulgaram na internet, dão uma amostra da qualidade dessas traduções. Muitas das descrições estão cheias de verdadeiros *wishful thinking* ou se assemelham a conselhos típicos de manuais de autoajuda.

Para uma organização o valor *"Respeito à vida"* é traduzido como: *"Respeitamos a vida em todas as suas formas, manifestações e situações e buscamos a excelência nas questões de saúde, segurança e meio ambiente"*.

Comentário: aqui, a questão principal é formal: o que é definido – o respeito à vida – não pode entrar na definição, sob pena de criar um pensamento circular, que nada define. Afinal, o que a organização entende, realmente, por respeito à vida?

A mesma organização repete o equívoco em relação ao valor *"Prontidão para mudanças: Estamos prontos para mudanças e aceitamos a responsabilidade de inspirar e criar mudanças positivas"*.

Comentário: o que significa estar pronto para mudança? São um amontoado de palavras vazias.

Outra faz afirmações genéricas, jargões sem sentido: *"A vida em primeiro lugar"* e *"Fazer acontecer"*.

Entretanto, uma organização, ao lado de definições claras e mesmo corajosas, acaba derrapando em *wishful thinking*. Ela traduz os valores *"Abertura e confiança"* assim: *Incentivamos a livre*

---

[39]. Expressão idiomática inglesa que significa tomar os desejos por realidade e tomar decisões, ou seguir raciocínios baseados nesses desejos, em vez de em fatos ou na racionalidade.

discussão e depositamos confiança nos nossos colegas. Valorizamos novas ideias e opiniões, mesmo que sejam um contrassenso, e esperamos ouvir informações exatas, mesmo – ou especialmente – quando não trazem boas notícias. A confiança na honestidade e na capacidade dos nossos colegas é o que torna nossa equipe mais eficiente. Somos abertos a ideias e opiniões diferentes e confiamos em nossos colegas". Os grifos são meus: o que está grifado indica muito mais desejos do que realidade. A empresa não pode afirmar que as pessoas depositam confiança nos colegas. Isso é um desejo, mas está parecendo mais uma determinação.

Os sites estão cheios de valores e de suas traduções genéricas, pouco indicativos do que as organizações, de fato, valorizam. Exemplos:

"Confiança nas pessoas, em sua capacidade e desejo de evoluir".

"Comprometimento
- Somos responsáveis.
- Nos reconhecemos como parte de um projeto comum.
- Colaboramos colocando nosso talento e nossa dedicação em cada gesto".

"Valores:
Nossos clientes são nosso guia.
Importância dos relacionamentos.
A excelência individual é essencial".

"Positivo:
A atitude otimista atrai recursos e pessoas para a realização de sonhos e ideias. Um futuro melhor acontece para quem acredita nele. Pensamos positivo e olhamos para o futuro com energia, entusiasmo e otimismo".

"Enxergar longe".

A resposta para a questão formulada anteriormente é: se as empresas de nível 3 traduzissem seus valores de níveis 4, 5, 6 e 7 em comportamentos realmente observáveis, elas não os assumiriam ou estariam diante de uma flagrante contradição. Portanto, a maioria das empresas não se dedica a esse detalhamento com a profundidade necessária. Elas escolhem e descrevem seus valores muito mais como desejos e exortações, do que como guias para o comportamento das pessoas – um olhar para a lista dos valores mais frequentes mostra que eles são os valores "certinhos", politicamente corretos.

Se essa hipótese estiver correta, teremos uma boa explicação para o fato da maior parte dos marcos filosóficos estarem apenas enfeitando as salas de espera das empresas.

3.7 AS MELHORES EMPRESAS DO BRASIL OU AS MELHORES EMPRESAS PARA O BRASIL®?

Um dos recortes do Método Barrett é o *índice de distribuição dos valores*. Eles podem estar concentrados nos três primeiros níveis; portanto, a cultura daquela empresa está voltada para o interesse próprio. Se a concentração dos valores está no nível 4, a cultura está em processo de transformação; e, se estiverem concentrados nos níveis superiores – 5, 6 e 7, a cultura opera, agora, voltada para o bem comum.

Os números mostram que as empresas ainda estão mais preocupadas em ser "as melhores empresas do Brasil", quando poderiam almejar ser também – porque não são excludentes – "as melhores empresas para o Brasil®".

Entretanto, "hoje as empresas já reconhecem que por seu impacto e influência, não podem ficar fora de uma realidade que exige ações para corrigir as crescentes desigualdades de ordem econômica e social"[40]. O autor continua: "a responsabilidade social corporativa, sob um modelo de gestão baseado em objetivos, está longe de contribuir de maneira sustentável para fazer uma diferença nas sociedades"[41].

Ele propõe o conceito de *cidadania corporativa*, que "no contexto da gestão baseada em valores, fornece o contexto (estrutura) para o desenvolvimento da responsabilidade social no sentido mais amplo e mais profundo".

O conceito de *responsabilidade social corporativa* vai além da geração de retorno financeiro para os acionistas, a geração de

---

40. JARRÍN, A. *De la revolución industrial a la evolución empresarial.* Caracas: Creating, 2008.
41. Idem.

Níveis de consciência da responsabilidade social corporativa.

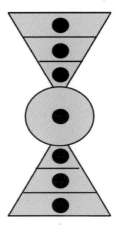

O cidadão universal
O cidadão corporativo
O cidadão autêntico

O cidadão em tranformação

O cidadão competitivo
O cidadão bom vizinho
O cidadão egoísta

Os sete níveis de conciência de responsabilidade social

FIGURA 9

empregos e o pagamento de impostos. Para Adolfo Jarrin (Jarrín, 2008), o enfoque da RSC é um tema relacionado aos níveis de consciência concebidos por Richard Barrett. Ele desenvolveu um modelo que integra a gestão por valores, um novo conceito de liderança e o processo de transformação da cultura empresarial.

A tabela a seguir ilustra os 7 níveis de responsabilidade social corporativa.

Nível 1 – O cidadão egoísta entende que sua responsabilidade com a sociedade é investir e gerar empregos.

Nível 2 – Para o cidadão bom vizinho, as doações em produtos ou dinheiro, a educação das pessoas relacionadas à empresa, são ações que transcendem as obrigações legais e são o "algo mais" que ele assume como sua responsabilidade.

Nível 3 – O cidadão competitivo entende que operar de forma harmônica e socialmente responsável oferece uma vantagem competitiva nos mercados em que atua.

Nível 4 – O cidadão em transformação começa a questionar se a filantropia é suficiente e inicia uma profunda e madura reflexão sobre o verdadeiro papel da empresa.

Nível 5 – O cidadão autêntico entende a RSC como um elemento não apenas externo, mas interno também. A empresa incorpora um modelo de gestão por valores e começa a evolução dos gerentes a *líderes*.

Nível 6 – O cidadão empresarial entende que "para termos sociedades sustentáveis, os negócios devem operar ao *melhor custo*, não ao menor custo". Mas, para que isso não comprometa a viabilidade econômica das empresas, uma ação integrada dos líderes empresariais é indispensável.

Nível 7 – O cidadão universal tem consciência da interconexão de todas as atividades realizadas pelas empresas e seu impacto no bem-estar global. Entende que há uma responsabilidade das empresas pelo estado atual das sociedades e que é necessária uma mudança face às ameaças representadas pela deterioração do meio ambiente, os problemas sociais causados pela pobreza e a concentração de renda.

3.8 O MARCO FILOSÓFICO E OS STAKEHOLDERS

Qual é a importância relativa de cada stakeholder nos enunciados do MF?

Se ficarmos restritos a apenas três deles – funcionários, acionistas e clientes –, a posição relativa de cada um resultará do entendimento que a empresa tem a respeito da sua própria existência e finalidade e da responsabilidade de cada stakeholder para que ela atinja seu fim.

Se o entendimento é o de que o lucro/retorno sobre o capital é a finalidade última da organização, o acionista terá a posição privilegiada no enunciado. Se o entendimento é de que o cliente é o foco principal, a empresa estará reconhecendo que é pela entrega de produtos e serviços que atendam às necessidades dos seus clientes que o lucro dos acionistas virá. Se, finalmente, privilegiar seus funcionários, poderá indicar que, tratando bem seus colaboradores, eles atenderão bem aos clientes que, por sua vez, comprando seus produtos e serviços, remunerarão adequadamente os acionistas.

A ordem, portanto, no enunciado não é gratuita ou fortuita. Ela será determinada pela *ideologia central* da organização, que é como Jim Collins chama o marco filosófico. No seu livro *Feitas para durar*, ele compara as chamadas empresas visionárias – e que por isso são feitas para durar – e conclui: "Ao contrário da doutrina acadêmica de administração, nós não vimos a 'maximização da riqueza dos acionistas' nem a 'maximização dos lucros' como sendo a força impulsionadora dominante ou o objetivo primário do longo da história da maioria das empresas visionárias". (...) "De fato, para muitas empresas visionárias, negócios são mais do que uma atividade econômica, mais do que uma forma de ganhar dinheiro."

Todas as empresas têm uma ideologia central. Já sabemos também que, muitas vezes, o que está declarado no MF não expressa, realmente, a ideologia. Como um trabalho arqueológico, é preciso cavar mais fundo para encontrar a essência.

Se levarmos em conta as declarações formais, na minha pesquisa os funcionários e colaboradores foram mencionados 5 vezes no enunciado das visões; os acionistas, 5 vezes; e os clientes e consumidores, 23 vezes.

No enunciado das missões, o cliente/consumidor é mencionado por 53 empresas (65%). O acionista é mencionado por 23 empresas (28%). Já os funcionários ou colaboradores aparecem explicita ou implicitamente – entendo que a empresa está valorizando seus funcionários quando na missão ela declara que deseja "ser o melhor lugar para se trabalhar" – para 7 empresas (9%).

Considerando os dois enunciados – visões e missões – o cliente é o alvo principal e foco declarado da maioria das empresas. Entretanto, entre os valores mais frequentemente escolhidos, nenhum menciona especificamente o cliente e, na distribuição deles pelos níveis de consciência, há um gap no nível 6, justamente aquele que indica o quanto a organização está focada genuinamente na colaboração com os clientes. Por isso, é *questionável a real importância que o cliente tem para as empresas pesquisadas.*

3.9 OS VALORES DOS LÍDERES BRASILEIROS

Como vimos, a pesquisa sobre o marco filosófico é baseada nas declarações das empresas, disponíveis nos seus sites. Com o objetivo de confirmar a premissa do desalinhamento entre os valores declarados e as visões e missões, decidi investigar os valores do ponto de vista dos líderes e verificar se o descompasso também está presente na percepção deles.

Ao longo destes últimos anos, mais de 2 mil líderes, que atuam nos mais diferentes setores da economia, responderam ao Individual Values Assessment – IVA[42], em processos de transformação cultural conduzidos pela Marcondes Consultoria. O IVA consiste na identificação dos dez valores pessoais mais importantes; os dez valores percebidos na cultura atual; e os dez valores que eles gostariam de ver na cultura das suas empresas. Com base nesse resultado, podemos imaginar como seria a cultura de uma grande empresa brasileira do ponto de vista dos líderes.

Nem todas as empresas onde esses líderes atuam estão entre aquelas em que fiz a pesquisa sobre o marco filosófico. Defini uma amostra de 1561 líderes que trabalham em 15 organizações diferentes. Considerando o porte delas, creio que posso estabelecer uma relação entre a cultura das empresas desses líderes e a daquelas em que analisei o marco filosófico. Em realidade, estou cruzando dados para verificar se, do ponto de vista dos líderes, *também as empresas fazem um discurso desalinhado da sua prática.* Entretanto, não podemos ignorar que os líderes são as principais fontes de influência na cultura da organização. Assim, é também a eles que deve ser cobrado qualquer desalinhamento cultural.

---

42. Método Barrett.

Pesquisa

Valores dos líderes brasileiros.

Líderes brasileiros (1561)

Nível	Valores Pessoais (VP)			Valores da Cultura Atual (CA)			Valores da Cultura Desejada (CD)		
7									
6									
5									
4									
3									
2									
1									

IRS (P)=6-4-0
IRS (L)=0-0-0-0

IROS (P)=0-0-6-0
IROS (L)=0-1-3-0

IROS (P)=1-1-8-0
IROS (L)=0-0-0-0

comprometimento	971	5(I)	orientado para resultados	597	3(O)	satisfação do cliente	417	2(O)
família	667	2(R)	redução de custos (L)	585	1(O)	inovação	372	4(I)
ética**	666	7(I)	crescimento da organização	574	1(O)	confiança****	365	5(R)
honestidade	503	5(I)	lucro	401	1(O)	ética**	304	7(O)
atitude positiva	386	5(I)	desenvolvimento da liderança	373	6(O)	engajamento dos funcionários	295	5(O)
confiança****	281	5(R)	burocracia (L)	337	3(O)	imagem da marca	294	6(O)
adaptabilidade	275	4(I)	imagem da marca	255	3(O)	desenvolvimento da liderança	256	6(O)
respeito	261	2(R)	ética**	216	7(O)	orientado para resultados	236	3(O)
crescimento profissional	198	3(I)	competição interna (L)	204	2(R)	crescimento organizacional	236	1(O)
transparência	197	5(R)	foco no curto prazo (L)	202	1(O)	melhoria contínua	193	4(O)

Correspondências
VP - CA 1
CA - CD 1 Entropia Cultural:
VP - CD 2 Cultura Atual 29%

* = VP & CA
** = VP, CA & CD
*** = CA & CD
**** = VP & CD

P = Positivo   R = Relacional
L = Potencialmente   O = Organizacional
I = Individual   S = Social

FIGURA 10

Analisando os valores e sua distribuição temos o seguinte quadro ao lado.

3.9.1 VALORES PESSOAIS

Os 10 valores pessoais mais votados estão distribuídos em 5 dos 7 níveis de consciência do Método Barrett. Há uma concentração significativa no nível 5 – Coesão interna. Nesse nível de consciência, as pessoas não pensam mais apenas em emprego ou carreira. Para elas, o trabalho é um meio para dar significado à vida, aumentar a efetividade, crescer e aprender. Elas não têm mais medo da vulnerabilidade, e levam um sentido de divertimento e alegria para o trabalho. Além disso, são éticos, valorizam a família, são adaptáveis, prezam o respeito nas suas relações e o crescimento profissional.

3.9.2 CULTURA ATUAL

Do ponto de vista dos líderes, suas organizações tem uma cultura muito concentrada nos níveis 1 (quatro valores) e 3 (três valores). O nível 1 é o da consciência da sobrevivência, que é a primeira necessidade, nele a saúde financeira é a principal preocupação. Se as empresas permanecem enraizadas nesse nível, elas: têm preocupação exagerada com resultados financeiros e insegurança quanto ao futuro; tentam apaziguar a insegurança com controles e comportamento territorial; não estão interessadas em alianças estratégicas; tratam a incorporação como um jogo: compram e pilham os bens; veem as terras e as pessoas como recursos a serem explorados; apresentam uma mínima adaptação às leis: sentem-se vitimadas por qualquer regra que limite sua liberdade de fazer dinheiro.

Os três valores de nível 3 – Consciência da autoestima, caracterizam empresas com desejo de grandeza: querem ser as maiores ou melhores, são competitivas. Consideram a administração uma ciência, concentram-se em melhorar a produtividade, eficiência, administração do tempo, qualidade. Estão prontas para treinar seu pessoal. Entretanto, o controle é mantido por estruturas de poder hierárquicas. Fortes necessidades de status, privilégios e reconhecimento dos administradores. Elas podem degenerar em burocracia.

Comparando o quadro de valores pessoais dos líderes com a cultura atual e, mais ainda, com a cultura desejada da organização visualizada por eles, não dá para negar que eles estão muito desconfortáveis. O que eles mais valorizam não estão encontrando nas suas organizações e, consequentemente, a cultura atual é bastante diferente da desejada. Pode-se imaginar que estão deixando muitas coisas no estacionamento, além dos seus carros, e que trabalhar nessa cultura é fonte de desconforto e causa de muito stress para eles e suas equipes!

3.9.3 CULTURA DESEJADA

Já a empresa com que eles sonham é muito diferente daquela em que eles atuam. Todos os dez valores estão bem distribuídos, não há uma concentração significativa. É uma organização com valores de espectro completo, contempla todos os níveis de consciência. Orientada para o crescimento e os resultados, valoriza a inovação e a imagem da marca. Por meio da melhoria contínua, do desenvolvimento da liderança e do engajamento dos seus funcionários, ela busca a satisfação dos seus clientes. É ética e valoriza as relações pautadas pela confiança.

3.9.4 VALORES POTENCIALMENTE LIMITANTES

A quantidade de valores potencialmente limitantes em uma cultura determina o grau de entropia cultural, que é definida como "a quantidade de energia que em uma organização é consumida em trabalho improdutivo. É a medida da fricção e da frustração reprimida que existe na organização".

Do *total* de valores da *cultura atual*, 29% são potencialmente limitantes. Esse percentual de entropia é significativo, indica potencial desconforto e/ou conflito a ser endereçado com ajustes culturais, estruturais e de direcionamento da liderança.

Dos dez valores mais votados da cultura atual, quatro deles são potencialmente limitantes. Há um princípio que merece atenção: são os líderes – nos seus mais diversos níveis – que tem poder para criar ou introduzir esses valores limitantes na cultura de uma organização. Operários não criam burocracia. Entretanto, é bom reconhecer, diretores e gerentes podem estar apenas cumprindo ordens de presidentes-acionistas das suas empresas e, portanto, ser colocados como meros executores de ordens e decisões das quais não participaram, nem tampouco concordam. De um lado, pode-se questionar o grau de protagonismo desses líderes; de outro, é possível entender o grau de desconforto em cumprir decisões com as quais não concordam. Mas, finalmente, o que é pior: constatar a falta de congruência e seu impacto na qualidade da liderança que exercem.

3.9.5 DILEMAS ÉTICOS

Recentemente, assessorando um grupo de diretores na definição do marco filosófico, surgiu uma questão que já tratei anteriormente: eles discutiam se a *ética* constaria da lista dos cinco valores centrais da empresa. Fiz meu papel – o que chamo de "o teste do fiscal da prefeitura", e o valor não passou: o CEO afirmou que se não pagassem comissões e distribuíssem presentes, 50% dos negócios da empresa estariam comprometidos. Argumentei: só escolham a ética se efetivamente se comportarem segundo tal valor. Pois, caso contrário, em cinco minutos o marco filosófico estaria desmoralizado, pois todas as pessoas na empresa conheciam as práticas. Como a questão mobilizou muitas emoções e desconfortos – os executivos se diziam pessoalmente éticos – propus que "dormissem" com a questão. No dia seguinte, o desconforto persistia: vários dirigentes relataram ter dormido mal, ficado com dores de cabeça etc. Minha conclusão: eram homens e mulheres que valorizavam a ética e, certamente, tinham comportamentos éticos em outras dimensões de suas vidas. Entretanto, estavam em uma empresa que atua num setor totalmente dependente do setor público para obter autorização de seus negócios. Sabiam que se negassem atendimento aos pedidos dos políticos, o negócio ficaria inviabilizado.

O sofrimento dessas pessoas é decorrente de um conflito interno entre dois tipos de ética – a principista e a consequencialista. Para a primeira, cujo expoente máximo é o filósofo Immanuel Kant, o imperativo categórico é o do dever. Stuart Mill, representante da segunda, formulou o imperativo da maximização altruísta do prazer, ausente no princípio da imparcialidade. Na ética de Mill, a imparcialidade subordina-se à felicidade do maior número, ao contrário da ética de Kant, em que a imparcialidade é um valor absoluto, acima de todos, mesmo que gere infelicidade.

Pois bem, nossos executivos sabiam que estavam diante do dilema: se obedecessem a todas as regras, não viabilizariam os negócios e prejudicariam milhares de consumidores/clientes. Se aceitassem as exigências dos políticos, proporcionariam felicidade a um grande número de pessoas. A dor decorre do fato de *saberem* que estão fazendo algo errado, de um ponto de vista.

Finalmente, decidiram não incluir a ética como um valor central. Eliminaram, pelo menos, o desconforto de qualquer eventual cobrança das suas equipes, mas não zeraram o sofrimento decorrente do embate das duas éticas. Em seu socorro e de milhares de outros executivos, podemos recorrer a Nikos Kazantzakis[43], que numa fala brilhante diz:

"Não sei como é a alma de um criminoso, mas a alma do homem honesto, do homem bom é um inferno".

Finalmente, mesmo que os números da *pesquisa sobre os valores dos líderes brasileiros* sejam de empresas diferentes, o fato se repete: também há um desalinhamento de valores, o que supõe igualmente um desencontro entre os valores e as visões e missões das empresas onde atuam esses líderes.

Mais uma vez constato que há uma enorme distância entre o que é declarado e o que é praticado e as empresas que se recusam a enfrentar essas contradições continuam a produzir declarações vazias e desacreditadas.

---

43. Escritor, poeta e pensador grego. Comumente considerado o mais importante escritor e filósofo grego do século XX, tornou-se mundialmente conhecido depois que, em 1964, Michael Cacoyannis realizou o filme *Zorba, o Grego*, baseado em seu romance homônimo.

Um outro estudo confirma o divórcio ético entre os executivos e suas empresas. Ele aparece, também, na pesquisa *A empresa do sonho dos executivos*, feita pela DM. Em 2014, questionados sobre o que realmente as empresas esperam dos seus executivos: 29% responderam que elas "esperavam resultados a qualquer preço".

Perguntados sobre quanto tempo pretendem permanecer na empresa em que atuam, 19% responderam que "queriam sair o mais rápido possível" e 22% "em até dois anos". Conclusão: quase metade dos executivos (41%) quer deixar suas empresas em até dois anos.

À semelhança de outros estudos que flagram evidentes contradições – como pesquisas em que os respondentes se afirmam honestos, mas dizem que "9 entre 10 brasileiros são desonestos" –, 90% se consideram líderes inspiradores, mas quando questionados: você tem um líder que o inspira? 41% responderam não. Eles inspiram, mas não são inspirados pelos seus líderes. Como é bem provável que todos estejam na mesma amostra, quem inspira quem?

A conclusão é inevitável: as organizações carecem de um choque de realidade, precisam criar um ambiente de abertura e confiança para que as pessoas possam expressar o que sentem, sem autoilusões e autoenganos. A consequência dessa cultura é a imensa falta de congruência entre o discurso e a prática; e, entre o comportamento e os valores.

4
A cultura do erro

"Aquele que nunca pecou é menos confiável do que aquele que só pecou uma vez. E alguém que tenha cometido muitos erros – embora nunca o mesmo erro mais de uma vez – é mais confiável do que alguém que nunca cometeu nenhum."

NASSIM NICHOLAS TALEB

Todas as organizações, empresas e famílias tratam o erro cometido pelos seus membros de determinada forma, essa é a *cultura do erro* delas. Poucas empresas expressam nos seus marcos filosóficos como elas tratam os erros. A 3M, em algum momento da sua história, expressou sua *cultura do erro* assim: "erros honestos são bem-vindos". Conhecida por ser uma das empresas mais inovadoras do mundo, ela entende que precisa criar um ambiente onde as pessoas possam correr riscos para manter-se como uma empresa que produz mais de 50 mil produtos diferentes.

Basicamente, o que caracteriza um erro honesto? Aquele que foi cometido quando a intenção era a de acertar. Portanto, existem erros que não são honestos. Mais à frente, vamos examinar o *espectro de razões para o erro,* criado por Amy C. Edmondson[44], cuja escala de erros vai do condenável até o louvável.

Mesmo que a organização não defina explicitamente qual é sua *cultura do erro*, ela está presente na identidade vertical da empresa. Pelo comportamento da liderança, as pessoas sabem se podem correr riscos ou não. O fato é que não é fácil mudar a *cultura do erro* de uma empresa.

Nos casos que vamos examinar a seguir, será possível depreender a cultura do erro de cada organização tratada.

Desde o momento em que Eiji Toyoda, da família proprietária da Toyota, e Taiihi Ohno, o chefe da engenharia da empresa, criaram o modelo de produção que veio a se chamar *Toyota Way*, ficou claro que não se pode criar uma cultura para tratar adequadamente do erro sem mexer com as questões de poder. Como esperavam que os operários se preocupassem e cuidassem da qualidade dos carros, a questão era: como exigir responsabilidade pela qualidade sem dar autoridade?

Dar o poder de decisão para quem tem a informação primária foi a solução encontrada: um dos pilares do *Toyota Way* é o poder que qualquer operário tem de parar a linha de produção assim que perceber alguma não conformidade. A Toyota deu esse poder aos operários porque sabia que eles o usariam sempre de forma responsável.

Em qualquer atividade o erro tem custos e consequências, mas em dois segmentos ele pode ter resultados fatais: aviação e hospitais. Nos dois, por mais testes e treinamentos que tenham sido feitos, há um momento em que tanto o protótipo do avião tem que voar, o aprendiz tem que pilotar, assim como a nova técnica cirúrgica ou medicamento tem que, finalmente, ser testado em um ser humano.

Os primórdios da cirurgia foram retratados em uma série de vídeos chamada *A coragem de errar*. Até o início do século XX, as cirurgias eram feitas em condições muito precárias – para os padrões atuais – e foi a coragem de alguns pioneiros que levou à descoberta de anestésicos eficientes e ao controle das infecções.

---

44. Estratégias para aprender com o erro. *Harvard Business Review*, abril 2011.

Hoje em dia, os testes obedecem a rígidos protocolos e são realizados com a máxima segurança possível. Quando, entretanto, entram em regime de operação, tanto a pilotagem quanto os procedimentos médicos – cirúrgicos ou não –, estão à mercê de variáveis de difícil controle. A mais crítica delas: a arrogância de pilotos e cirurgiões.

A arrogância[45] é descrita como "o sentimento que caracteriza a falta de humildade. É comum conotar a pessoa que apresenta este sentimento como alguém que não deseja ouvir os outros, aprender algo de que não saiba ou sentir-se ao mesmo nível do seu próximo. São sinônimos, o orgulho excessivo, a soberba, a altivez, o excesso de vaidade pelo próprio saber ou o sucesso".

4.1 PERDIDOS NO CENTRO-OESTE – A ARROGÂNCIA DO COMANDANTE[46]

Na tarde do dia 3 de setembro de 1989, enquanto o Brasil enfrentava o Chile no Maracanã pelas eliminatórias da Copa do Mundo de 1990, o Comandante Cezar Augusto Garcez, no comando de um Boeing 737 da Varig, iniciava o voo de Marabá para Belém. Era a última etapa de uma viagem iniciada pela manhã em São Paulo. Nos preparativos para a decolagem, Garcez consultou o plano de voo e introduziu no instrumento o rumo magnético da etapa Marabá-Belém. Ele cometeu um erro que custou a vida de muitas pessoas: deveria ter colocado 27°, mas pôs 270°. Teria sido induzido ao erro pela nova forma como a Varig passara a apresentar o plano de voo para seus pilotos. Apesar disso, ele e seu copiloto ainda tinham uma informação disponível: o sol. Voando para o norte, naquele horário, o sol deveria estar à esquerda do avião. Como o sol estava à frente, eles estavam voando para o oeste e não para o norte. Um passageiro, viajante frequente na rota e, além de tudo, piloto privado, notou o erro e alertou a comissária, que respondeu: "Desculpe, senhor, mas o comandante sabe o que está fazendo". Não sabia. Durante 3 horas, ele voou perdido por uma extensa área do centro-oeste, até fazer um

---

45. Fonte: Wikipedia (https://pt.wikipedia.org/wiki/Arrog%C3%A2ncia, 29/11/2015).
46. O acidente está fartamente documentado no livro *Caixa-preta*, de Ivan Sant'Anna, Editora Objetiva. (1ª edição, ano 2000)

pouso forçado a quilômetros de distância do seu destino. Na queda e nos dias subsequentes, morreram 12 dos 48 passageiros. Muitos ficaram meses internados e alguns tiveram sequelas permanentes.

Assim que percebeu o erro, Garcez teve inúmeras oportunidade de pedir ajuda. Não o fez[47]. Quando o copiloto o alertou sobre o erro que ele cometera, Garcez o mandou ficar calado, para que suas palavras não fossem gravadas.

Após o acidente, a Varig instituiu o programa CRM – *Cockpit Resource Management*[48], pelo qual um copiloto não só tem o direito como a obrigação de alertar o comandante sobre qualquer procedimento que julgue incorreto.

4.2 VOO 447

O autor e jornalista William Langewiesche[49] analisou e relatou minuciosamente as duas horas que antecederam a queda do Airbus 330, da Air France, no Atlântico, interrompendo um voo Rio-Paris em maio de 2009, causando a morte de 228 pessoas, entre tripulantes e passageiros. No texto, ele mostra as mudanças pelas quais a aviação comercial passou, desde os tempos heroicos em que os pilotos levavam "o avião no pé e na mão", até os dias de hoje, quando "foram relegados ao papel prosaico de gerentes de sistemas".

"No intervalo entre esses dois momentos, os avanços na área de engenharia praticamente eliminaram vários tipos de acidentes associados a falhas mecânicas e fenômenos meteorológicos. Mas na década de 70 surgiu uma nova realidade. Embora a taxa de acidentes houvesse caído, os desastres que ainda ocorriam eram causados quase exclusivamente pelos pilotos – aquelas pessoas, muitas ainda em posição de comando, que haviam adquirido uma reputação quase heroica por, no passado, terem superado tanto as

---

47. Para ouvir a gravação das conversas do comandante Garcez com a torre de Belém: <http://www.youtube.com/watch?v=8xf27KMd8lA>.
48. Este programa havia sido criado, em 1979, pela Nasa. Portanto, a Varig o implantou com 10 anos de atraso.
49. Revista Piauí, número 98 – novembro de 2014.

falhas mecânicas como as causadas pelo mau tempo. Os erros de pilotagem eram um problema reconhecido havia muito, mas, depois dos jatos, foi como se uma cebola houvesse sido descascada para revelar um núcleo inesperadamente imperfeito (...) uma cultura dominada por comandantes autoritários, muitos deles reacionários ríspidos que não admitiam a interferência de seus subordinados mais moços."

Em um estudo que exerceu grande influência na aviação comercial, Ruffell Smith "afirmava que o trabalho de equipe é mais importante que a competência individual dos pilotos. Isso ia de encontro a uma longa tradição nos meios aeronáuticos, porém correspondia de perto aos achados de outro grupo da Nasa, que realizara um estudo cuidadoso de acidentes recentes e chegara à conclusão de que, em quase todos os casos, a culpa era da falta de comunicação na cabine de comando".

"Em 1979, a Nasa realizou um seminário sobre o assunto em São Francisco, ao qual compareceram os chefes dos departamentos de treinamento do mundo inteiro. Para descrever a nova abordagem, Lauber inventou uma expressão que pegou: gerenciamento dos recursos da cabine de comando – Cockpit Resource Management ou CRM –, uma abreviação cujo sentido foi mais tarde ampliado para Crew Resource Management ou gerenciamento de recursos da tripulação."

"A ideia consistia em criar uma cultura menos autoritária na cabine, preservando a hierarquia, mas encorajando o espírito de colaboração durante o voo – os copilotos (agora denominados "primeiros oficiais") passariam a controlar o aparelho e poderiam expressar suas opiniões, questionando os capitães caso entendessem que estava sendo cometido algum erro. Por seu lado, esperava-se que os comandantes admitissem sua falibilidade, buscassem aconselhamento, delegassem funções e comunicassem seus planos e reflexões."

4.3 COMO LIDAR COM SEMIDEUSES

Assim como muitos comandantes de avião são conhecidos pela sua autossuficiência e arrogância, muitos cirurgiões também se veem acima dos pobres mortais que colocam suas vidas nas suas mãos.

Como, entretanto, eles não trabalham sozinhos, a equipe de enfermagem passou a ter um papel fundamental para impedir que erros, muitas vezes fatais, venham a ocorrer numa sala de cirurgia.

No Hospital Alemão Oswaldo Cruz, em São Paulo, uma das estratégias utilizadas é a adoção do momento de parada pré-cirurgia, que também é chamada de *time out*. Ele acontece imediatamente antes da incisão da pele e é liderado pelo circulante da sala (geralmente um técnico de enfermagem ou enfermeiro). É a última barreira de segurança antes do início propriamente dito da cirurgia. São checados elementos essenciais como a identificação do paciente, a lateralidade da cirurgia, o procedimento anestésico, entre outros. Se houver alguma não conformidade ou algo não estiver claro, o circulante alerta sobre a impossibilidade de seguir com o procedimento. No Oswaldo Cruz, o bisturi (instrumental cirúrgico que realiza a incisão) só é aberto pelo circulante e oferecido ao médico após o *time out* ter sido realizado.

4.4 ESPECTRO DE RAZÕES PARA O ERRO

Amy C. Edmondson[50] criou um espectro de razões para o erro, com uma escala que vai do condenável até o louvável.

Em que nível da escala se enquadra o comportamento do comandante do avião da Varig?

Tudo começou com o fato de a empresa ter alterado a forma de apresentar o indicativo do rumo magnético. No plano de voo, ele aparecia como 0270. O instrumento daquele modelo de avião – Boeing 737 –, em que o piloto deveria introduzir o número, comportava apenas três dígitos. O piloto ignorou o primeiro dígito – talvez por ser um zero à esquerda e julgou que 0270 era 270°, mas na verdade significava 27,00[51].

Dois dias após o acidente, a Varig expediu comunicado aos seus pilotos alertando-os sobre o último algarismo à direita no

---

50. Estratégias para aprender com o erro. *Harvard Business Review*. Watertown: Harvard Business Publishing, abr. 2011.
51. SANT'ANNA, Ivan. *Caixa-preta*. Rio de Janeiro: Editora Objetiva. (1ª edição, ano 2000)

campo "rumo magnético", que deveria ser desconsiderado por representar décimo de grau, fração que não cabia nos instrumentos de alguns modelos de avião.

Um mês depois do acidente, a Aeronáutica recomendou à Varig usar apenas três dígitos no campo "curso magnético", nos seus planos de voo, reconhecendo tacitamente que os quatro

Espectro de Razões para o Erro.

C	Desvio – Indivíduo viola deliberadamente processo ou prática indicados
O	
N	Desatenção – Indivíduo se desvia sem querer de especificações
D	
E	Falta de capacidade – Indivíduo não tem qualificação, condições ou treinamento para executar o trabalho
N	
Á	Inadequação de processos – Indivíduo competente segue processo indicado, porém falho ou incompetente
V	
E	
L	Dificuldade de tarefa – Indivíduo se depara com tarefa difícil demais para ser executada a contento de forma reiterada
	Complexidade de processo – Processo composto de muitos elementos entra em pane devido a interações inéditas
L	Incerteza – Falta de clareza sobre eventos futuros leva indivíduo a tomar medidas aparentemente sensatas que produzem resultados indesejados
O	
U	
V	Teste de hipótese – Experimento feito para provar que ideia ou projeto são bons derruba hipótese
Á	
V	
E	Teste exploratório – Experimento feito para ampliar conhecimento e investigar uma possibilidade leva a resultado indesejado
L	

Figura 11

algarismos foram, tanto quanto a negligência do comandante, responsáveis pelo acidente.

Acidentes – especialmente os aéreos –, são sempre causados por uma *série* de erros. Segundo William Langewiesche, um velho ditado na aviação diz que "as razões pelas quais você se mete numa encrenca se transformam nas razões pelas quais você não escapa dela". Esse foi, exatamente, o caso do comandante Garcez.

No *espectro de razões para o erro*, o comportamento do Garcez foi desde *desvio – violação deliberada de prática ou processo*, até *inadequação de processos*, em que um indivíduo competente segue um processo indicado, porém falho ou incompetente.

Com o voo 447 da Air France, a uma falha de um equipamento, sucedeu-se uma série de erros que, em quatro minutos e vinte segundos, derrubaram um Airbus 330 com 228 pessoas a bordo.

Tudo começou com o mau tempo no trecho inicial do voo e a presença de "um jovem copiloto (Bonin) ansioso no comando". Dubois, o comandante, esteve na cabine até pouco depois do avião estabilizar em 10.700 metros de altitude. Depois foi dormir: ele tinha vindo ao Rio na companhia de uma comissária e dormira apenas uma hora na última noite, após percorrer pontos turísticos do Rio com ela. Além de Bonin, estava na cabine David Robert, um copiloto mais experiente, mas que estava há seis meses exercendo uma função executiva na Air France. Como precisava manter sua licença de piloto, estava a bordo naquele voo.

Ao atravessar uma área de mau tempo, ocorreu o congelamento de três sondas de pressão atomosférica – conhecidas como tubos de Pitot –, o que impediu que os pilotos soubessem a velocidade exata do avião. A partir daí, os comportamento do copiloto Bonin evidenciou seu despreparo, pelos movimentos exagerados, comandos erráticos, "gestos bruscos como um motorista em pânico que busca controlar o carro numa derrapagem". Quando o comandante foi acordado e chegou à cabine, pouco pôde fazer.

O processo de automação pelo qual passou a aviação nas últimas décadas resultou numa considerável redução da carga de trabalho dos pilotos "quando ela já é leve, mas aumenta quanto ela já está alta". Para Nadine Sarter, engenheira industrial que dá aulas na Universidade de Michigan e é uma das mais renomadas pesquisadoras na área: "À medida que o nível de automação aumenta, a ajuda prestada também cresce, a carga de trabalho diminui e todos os benefícios esperados são alcançados. No entanto, se por algum motivo a automação falha, paga-se um preço alto. Precisamos pensar se existe um nível em que os consideráveis benefícios da automação podem ser obtidos, mas, caso ocorra algo de errado, o piloto ainda seja capaz de lidar com o problema".[52]

Uma das evidências do impacto do alto uso de tecnologia na aviação é a pergunta mais comum nas cabines atualmente: "O que é que está acontecendo agora?". A frase do copiloto do voo 447, David Robert, no momento mais crítico antes da queda – "Não estamos entendendo nada!" – foi uma versão extrema disso.[53]

A leitura detalhada da matéria de William Langewiesche permite concluir que no *espectro de razões para o erro*, o comportamento dos copilotos do voo 447 vai de *falta de capacidade a inadequação de processos.*

Mas o comportamento do comandante Dubois certamente foi o mais contributivo para o desastre: não estava na cabine no momento mais crítico do voo; dormiu apenas uma hora no dia anterior; Bonin, segundo as gravações da caixa preta, deu várias demonstrações de ansiedade e insegurança quando os radares detectaram mau tempo à frente e, ainda assim Dubois foi dormir. A matéria mencionada afirma que se ele tivesse permanecido mais 15 minutos na cabine, o desastre teria sido evitado.

No *espectro de razões para o erro,* seu comportamento se enquadra na categoria *Desvio – indivíduo viola deliberadamente processos ou prática indicados.*

Assim como no Hospital o enfermeiro só entrega o bisturi ao cirurgião após constatar que as condições de segurança estão garantidas, no avião o copiloto deveria ter o poder de entregar o manche ao comandante somente após constatar que ele está em condições de comandar o voo.

4.5 APRENDER COM O ERRO DOS OUTROS

---

52. Revista Piauí, número 98 – novembro de 2014.
53. Idem

Em maio de 2014, foi promulgada lei que determina sigilo na investigação de acidentes aéreos no Brasil. A razão legal é o princípio constitucional da "não autoincriminação", segundo o qual ninguém é obrigado a produzir provas contra si mesmo. Entretanto, conforme ouvi de um oficial da Aeronáutica, membro do CENIPA[54], o sigilo durante as investigações permite que pilotos e tripulantes possam revelar os erros que cometeram e assim permitir que medidas preventivas possam ser adotadas.

4.6 "A SOLUÇÃO É ERRAR" [55]

Se em uma outra escala, que meça o impacto do erro, colocarmos em um extremo a aviação e os hospitais, e no outro a indústria do entretenimento, um grande erro nesta teria como consequência máxima o prejuízo financeiro do fracasso de um candidato a blockbuster. Na outra ponta, vidas, às vezes centenas, milhares, podem ser perdidas por um único erro.

Talvez por isso, Ed Catmull, CEO da Pixar, afirme que "as empresas só conseguem ser criativas quando deixam seus funcionários fracassar". No segmento em que ele atua, todos os diretores e estúdios tem pelo menos uma história de fracasso para contar, mas principalmente para aprender com ela. Mas nos outros setores, qual é a quantidade, tamanho e importância aceitável para os erros?

Todo pai sabe que os erros fazem parte do processo de desenvolvimento dos filhos e compreendem também que com os adolescentes não adianta avisar sobre o erro iminente: no seu processo de autoafirmação, eles tendem a ignorar os avisos dos mais velhos e prosseguir no caminho escolhido, mesmo que avisados das consequências. Aos pais cabe evitar – quando conseguem – as tragédias e ajudá-los a processar pedagogicamente a experiências.

---

54. Centro de Investigação e Prevenção de Acidentes Aeronáuticos.
55. Revista *Exame*, 26 de novembro 2014 – entrevista com Ed Catmull, autor de *Criatividade S.A.*, e Presidente dos Estúdios Pixar e Walt Disney Animation.

Para as organizações, Nassim Nicholas Taleb, em seu último livro *Antifrágil*, preconiza que "pequenos erros" são saudáveis, pois dariam às pessoas e à organização a condição expressa no título: a antifragilidade. Para ele, o oposto de frágil não é forte nem resiliente – estes, quando muito, conseguem resistir e sobreviver ao erro. O antifrágil fica mais forte. Para o autor, a Hidra, a figura mitológica que habita o lago de Lerna, representa a antifragilidade, pois tendo inúmeras cabeças, cada vez que uma é cortada, duas voltam a crescer. "Assim ela aprecia o dano."

Taleb acredita, como Nietzsche, que "o que não me mata me fortalece". A questão é a dose do veneno: segundo uma lenda, Mitrídates IV, rei de Pontus, na Ásia Menor, ao se esconder depois do assassinato do seu pai, conseguiu algum tipo de proteção contra envenenamento ao ingerir doses subletais de material tóxico, em quantidades cada vez maiores. Esse método, que Taleb chama de "mitridização", parecia ser popular em Roma à época de Nero.

4.6.1 "ERRE DENTRO DA NORMA, MAS NÃO ACERTE FORA DELA"

Esta foi a fala de um importante banqueiro ao assumir a presidência do banco anos atrás. Mais recentemente, ele desdisse sua assertiva, considerando que os tempos haviam mudado e ele também.

O desafio é entender o que significa "errar dentro da norma". Será que é possível? E qual é o tipo de erro, nesse caso?

À primeira vista, errar dentro da norma pode ser – no *espectro de razões para o erro* – impossível, na medida em que o executor estaria seguindo as normas. Seria fazer errado uma tarefa seguindo todos os procedimentos? Preencher todos os campos de um formulário com dados errados, ou prencher os dados certos no formulário errado?

Talvez ele quissesse apenas dizer: não corram riscos!

Resolvi submeter a frase do banqueiro a um grupo de amigos e pedi que falassem do seu entendimento. O que me disseram:

1. "Meu entendimento seria: não corram riscos, nada fora da norma deve ser tentado (mesmo que em direção ao certo); se estiverem dentro da norma, tudo bem errar; os acertos fora da norma serão condenados. Ou seja, na minha visão, um horror.
Peço sempre às pessoas que trabalham comigo: prefiro que você faça 10 coisas e erre três, do que faça 3 e acerte as 3. E se for fora da norma, mas atingir a solução (de uma forma idônea, correta e ética) e me provar que foi a melhor opção, ótimo! Parabéns!"
2. "Se eu trabalhasse com ele, o meu entendimento dessa fala seria: eu posso errar, mas dentro de um padrão (norma) que eu não sei qual é....mas os meus acertos podem exceder esse padrão que eu também não sei qual é... ou seja, na dúvida sobre o padrão que não sei qual é, o melhor comportamento é não arriscar. Eu teria medo de errar."
3. "Considerando que norma é: 'Documento estabelecido por consenso e aprovado por um organismo reconhecido, que fornece, para uso comum e repetitivo, regras, diretrizes ou características para atividades ou seus resultados, visando à obtenção de um grau ótimo de ordenação em um dado contexto'.
Se eu trabalhasse com essa pessoa teria entendido que ele prefere que as coisas aconteçam dentro de um universo relativamente previsível e controlado, mesmo que sejam consideradas erradas ou com uma diferença compreensível em relação ao previsto.
Posso entender, também, que um acerto fora das normas poderia não ser bem aproveitado por ele.
Em alguns ambientes, é difícil até trabalhar fora das normas. O que dirá, fazer algum tipo de acerto ou sucesso.
Em outros ambientes, acertar ou mesmo explorar o fora das normas é saudável."
4. "Fiquei curiosa com as múltiplas interpretações da frase abaixo e não consegui ir além daquela que me veio à cabeça assim que a li. Mil perspectivas... por isso que a comunicação é sempre o calcanhar de Aquiles do processo de liderança.

Para mim, mais do que uma frase de cultura do erro, ela é uma frase de ética da organização. Acertar fora da norma não é aceitável. Ou seja, é para jogar o jogo respeitando as regras de um mercado ultra regulado como o mercado financeiro. Agora, se jogar o jogo dentro das regras e errar, tudo bem. Faz parte do processo."

5. "O mercado financeiro, de maneira geral, é extremamente normatizado e a 'formalística' (como eles dizem), existe para ser seguida. É assim que as coisas funcionam por lá.

Aliás, este é um mercado onde o 'sempre' e o 'nunca' são muito usados, e com uma rigidez enorme, pois qualquer erro pode ter efeitos devastadores: financeiros, de imagem, etc. Penso que a mensagem que fica para uma afirmação deste tipo é: 'Não inovem. Façam o que tem que ser feito da forma certa, ou seja, sigam as normas!'"

É um modelo limitante, que não convida ao desafio e nem tão pouco estimula o protagonismo.

6. "A afirmativa embute três ideias ou possibilidades:
1) 'Errem dentro da norma' sugere a adoção de um dos princípios do empoderamento ou delegação de autoridade, no qual a tolerância ao erro é uma ação de confiança e incentivo aos gestores (ou profissionais), que assumem responsabilidades, metas, projetos, planos e práticas inovadoras, considerando que uma cultura punitiva impede ou dificulta a autonomia; erros devem ser corrigidos, não punidos; 2) 'Mas não acertem fora dela' explicita que a conduta ética é essencial; qualquer 'ganho' fora das regras, legais ou internas, retira a legitimidade da ação e proporciona total descrédito ao profissional e à instituição que representa. 3) 'fala com tom de ousadia, mas empobrecida pelo medo'."

De maneira simplista, o erro consiste no desacordo e na inadequação de ações x resultado. Ás vezes, para atingirmos um ponto desejado, necessitamos passar por experiências que nos expõem, porém são vitais para aguçar nosso instinto e percepção. A força de vontade deve ser latente e o objetivo de acerto sempre deve ser maior do que o risco que o erro pode trazer, por isso ser coerente é vital.

A ousadia e coragem estão presente em processos que exigem novas atitudes e ações, por isso nossa percepção e julgamento ficam em alta, buscando alternativas que nos levem ao acerto.

Cabe lembrar Clarice Lispector quando diz: "Passei a vida tentando corrigir os erros que cometi na minha ânsia de acertar". Portanto, entendo como positiva a mensagem.

Conhecendo os depoentes, constato que as respostas expressam com muita fidelidade os valores de cada um. Os valores foram o filtro que usaram para ler a frase e reagir a ela.

O caso a seguir é uma análise das decisões envolvendo a relação norma x valor e de como as pessoas se comportam quando há uma incompatibilidade entre o certo e o bom. É preciso refletir sobre a noção do erro para além dos limites das leis e regulamentos, é necessária uma reflexão de ordem ética. Vejamos outro caso real.

Em março de 1997, o cirurgião Francisco Gregori Júnior teve a "coragem de errar" completamente "fora das normas": durante uma cirurgia cardíaca em uma senhora de 69 anos, ele se viu diante do desafio de seguir a norma e vê-la morrer ou correr o risco de adotar um procedimento absolutamente fora de qualquer protocolo médico e tentar salvá-la. Ele acertou, optando pela segunda alternativa. Pediu que um enfermeiro fosse a um posto de combustíveis ao lado do hospital e comprasse um tubo de *Super Bonder*! e foi com essa cola que ele conseguiu colar o tecido esgarçado do coração da sua paciente. A paciente sobreviveu por mais 14 anos a essa ousadia do doutor Gregori.

É importante destacar que se ele não tivesse feito nada além das tentativas de suturar o tecido com os recursos que tinha, de nada poderia ser acusado. Teria seguido o protocolo médico. Ao optar pela solução inusitada – um produto não estéril e não indicado para colar tecidos humanos – ele correu o risco de resolver um problema e criar outro: uma séria infecção. Mas, a coragem falou mais alto.

Este é um caso em que a *norma* (o certo) foi substituída pelo valor (o bom). Num mundo ideal, tudo o que é certo deveria ser também bom, e vice-versa.

Quanto, entretanto, o certo é mau, e o errado é bom, resta ao indivíduo escolher o bom, mesmo que ele possa ser considerado errado pelo protocolo ou regulamento.

As organizações tem normas e valores e as pessoas podem dispor dos dois conjuntos para tomar suas decisões e, em princípio, tudo que é errado deveria ser, simultaneamente, mau; e tudo que é bom, deveria ser, também, certo. Entretanto, esse conjunto não cobre todo o espectro de decisões que as pessoas tem que tomar no trabalho ou fora dele. Sempre há a possibilidade de um fato ou situação que o regulamento não cobre e, mesmo quando o faz, a norma naquela circunstância pode se revelar burra ou limitada.

Mas deixar de seguir uma norma que se revela burra ou inadequada e passar a se guiar por um valor, exige consciência de um papel que transcende os limites de um cargo e a coragem de correr riscos.

4.7 A ÉTICA TRANSGRESSORA

Ousar fora da norma é uma transgressão ética quando o comportamento transgressor está orientado por valores. A norma é do campo da moral e busca manter as coisas como são. A ética é transgressora quando ela permite a evolução das normas. Quando alguém tem a coragem de transgredir o *status quo*, é que novos caminhos são descobertos, novas soluções são encontradas.

Agir de modo ético é a arte de conjugar na ação os verbos: devo? quero? posso?

Assim, nem tudo que devo eu quero; nem tudo que quero eu posso; nem tudo que quero eu devo; e, nem tudo que posso eu devo. O comportamento ético é a resposta dada a essas questões. As diferentes combinação indicam que o comportamento ético é, muitas vezes, a resultado de uma profunda reflexão, muito diferente do conforto de seguir normas.

Um caso prático da ética transgressora: em muitas cidades, os motoristas se viam diante do dilema ético de respeitar ou não o semáforo em um cruzamento deserto altas horas de noite – não haveria sofrimento se as pessoas estivessem sendo guiadas apenas pelas normas. A dúvida, bastante razoável, era relacionada ao sentimento de insegurança. Entretanto, o desconforto de desrespeitar a norma era muito custoso para muitos motoristas. O desconforto inexistiria se, ao lado de exigir o cumprimento da norma, a autoridade também provesse a segurança necessária. Como isto não acontecia, os motoristas passsaram a desrespeitar a norma para preservar sua vida e a dos demais passageiros. A decisão, portanto, estava baseada em um valor considerado maior pelo motorista. A contínua transgressão sensibilizou o legislador e, em muitas cidades, nos cruzamentos perigosos os semáforos foram programados para flexibilizar: a partir de determinado horário eles ficam no amarelo piscante.

A noite de 24/12/1914, em algumas trincheiras da I Grande Guerra, ficou conhecida por uma transgressão ética: soldados alemães de um lado, e franceses, ingleses e escoceses de outro, guardaram suas armas e se confraternizaram na zona conhecida como "terra de ninguém". Depois de enterrarem seus mortos, eles foram jogar futebol (!). O episódio é magnificamente mostrado no filme *Feliz Natal* (Joyeux Noël), de Christian Carion. Enquanto em Paris, Londres e Berlin, os generais brindavam com champagne a noite de Natal, nas trincheiras enlameadas e infestadas de ratos, os soldados se deram conta da loucura de uma guerra que iria "durar apenas algumas semanas" e transgrediram as normas rígidas

Ética & Profissão.

Ética (e crenças) ⟶ Profissão

OU

Profissão ⟶ Ética (e crenças)

FIGURA 12

---

56. TALEB, Nassim Nicholas. *Antifrágil* – coisas que se beneficiam com o caos. Rio de Janeiro: Best Seller, 2014.

dos exércitos para orientarem-se pelos valores de solidariedade, compaixão e camaradagem.

Os oficiais e soldados que participaram desse inusitado evento foram duramente punidos pelo comando dos seus exércitos.

O comportamento desses soldados remete s uma reflexão mais ampla que foi sintetizada por Taleb (2014)[56] na relação entre ética e profissão. Ele recomenda que verifiquemos o vetor:

O dilema proposto da Taleb é: a ética determinando a escolha da profissão, ou a profissão modelando a ética?

Há alguns anos fui procurado por um fabricante de armas que solicitava uma proposta para um trabalho de consultoria. Educadamente agradeci por terem me procurado, mas informei que não iria atendê-los porque não trabalhava com fabricante de armas. Surpreso, meu interlocutor reagiu dizendo, entre outras, que "alguém precisa fazer isso". Meu interlocutor deve ter reduzido ou eliminado algum desconforto optando pela segunda alternativa.

5
A cultura e a internet das coisas

A internet das coisas é a revolução tecnológica que consiste em incorporar inteligência em objetos, utensílios, equipamentos, roupas, calçados etc. e conectá-los à rede mundial de computadores. A cada dia que passa, mais e mais inteligência é agregada aos equipamentos e produtos ao nosso redor: geladeiras com sensores que informam a data de validade dos alimentos e compõem cardápio com os produtos disponíveis; camisetas que informam a temperatura do corpo, batimento cardíaco; sensores de presença que regulam luz, temperatura, consumo de energia etc. As possibilidades são infinitas e as consequências complexas e muito desafiadoras.

Há, portanto, um consenso de que a tecnologia da informação está revolucionando os produtos. Mas, pouco se disse até agora sobre o impacto que essa mudança trará na cultura das organizações. "A expressão 'internet das coisas' surgiu para refletir o crescente número de produtos inteligentes e conectados e destacar as oportunidades que podem representar [57]." O fantástico é que a conexão dos

---

57. PORTER, Michael; HEPPELMANN, James E. Como os produtos inteligentes e conectados estão transformando a competição. *Harvard Business Review*. Watertown: Harvard Business Publishing, nov. 2014.

produtos exigirá, simultaneamente, o *vínculo entre as empresas*, que serão demandadas a operar num nível de parceria muito diferente dos atuais.

Exemplificando, na mesma edição da HBR são analisadas as "mudanças dramáticas" na abordagem dos vendedores da GE: "a transição que temos de fazer com nossos clientes é passar de acordos do tipo *break/fix*, [literalmente, quebra/conserta, em que serviços ocasionais são cobrados quando prestados] para resoluções que garantam resultados", diz Jeffrey Immelt"[58] – CEO da empresa. Ainda no mesmo texto, os autores destacam que no novo tipo de vendas "precisamos de muito mais dados para entender completamente os negócios e a situação financeira dos nossos clientes, para compreender como eles ganham dinheiro"[59]. Esse entendimento é necessário para a estruturação de melhores soluções para o cliente. Portanto, para se beneficiarem das inúmeras vantagens da conexão, *os clientes vão ter que abrir informações estratégicas para seus fornecedores*. Guardadas as devidas proporções, o impacto das mudanças nas relações *B2B*[60] também se dará nas relações *B2C*[61]. Nestas, os fabricantes e prestadores de serviços também terão acesso a informações vitais dos seus consumidores.

Estamos na antessala de uma revolução: nunca tantas informações foram disponibilizadas nas interações entre fabricantes e consumidores. Para o bem e o mal. E para que o mal não seja a consequência indesejável de tanta transparência, novas relações terão que ser construídas.

As organizações – fabricantes e fornecedores de um lado, e clientes do outro – terão que mudar suas culturas para cooperarem em um nível de confiança ao qual não estão acostumadas.

Fica cada vez mais claro que se trata de duas revoluções: a tecnológica e a cultural e uma fala de Jeffrey Immelt ilustra o

---

58. IANSITI, Marco; LAKHANI, Karim R. Onipresença digital. *Harvard Business Review*. Watertown: Harvard Business Publishing, nov. 2014.
59. Idem.
60. Business-to-business, expressão identificada pela sigla B2B, é a denominação do comércio estabelecido entre empresas (de empresa para empresa).
61. Business-to-consumer, B2C, também business-to-customer, é o comércio efetuado diretamente entre a empresa produtora, vendedora ou prestadora de serviços e o consumidor.

desafio das organizações: "Fazemos parcerias com concorrentes. Sabemos que vamos aprender, compartilhar ou ceder toneladas de coisas. Quem está do lado de fora pode dizer: 'Você está abrindo a caixa de Pandora. *Você vai perder um pouco do controle que tem hoje*' (grifo do autor). Acho que isso é parte do debate"[64], ele conclui.

Mas esse debate tem que começar, primeiro, dentro das próprias organizações. Elas têm que olhar criticamente para suas culturas e se perguntar: "o quanto estamos prontos para estabelecer o nível de parceria exigido pelos novos tempos?". E a razão óbvia é que existem riscos.

Se levarmos em conta que as visões do futuro declaradas pelas organizações na pesquisa estão, de fato, orientando suas relações com todos os seus stakeholders, clientes, fornecedores e concorrentes, a maioria das empresas pesquisadas (81%) não explicita as condições necessárias e favoráveis para a construção do nível de parceria exigido pela revolução a que estamos assistindo. Elas estão olhando para seus próprios umbigos, e isso na prática costuma resultar em relações ganha-perde, nas quais o outro é visto como o adversário a ser derrotado.

Se elas operam predominantemente no nível 1 – Consciência da sobrevivência, segundo Barrett – "elas têm preocupação exagerada com resultados financeiros e insegurança quanto ao futuro; tentam apaziguar a insegurança com controles e comportamento territorial; *não estão interessadas em alianças estratégicas*; a incorporação é um jogo: compram e pilham os bens; veem as terras e as pessoas como recursos a serem explorados; e apresentam uma mínima adaptação às leis: sentem-se vitimadas por qualquer regra que limite sua liberdade de fazer dinheiro".

Se estão no nível 2 – Consciência do relacionamento, as organizações dão importância aos relacionamentos não pelo que possam dar, mas pelo que podem receber; são fracas na flexibilidade e iniciativa; as regras são importantes: pouca confiança; exigem disciplina e obediência; e, se são empresas familiares, limitam seu crescimento: não confiam em estranhos para ocupar posições administrativas.

A maioria delas está operando no nível 3 – Consciência da autoestima. Aqui é visível o desejo de grandeza: querem ser as maiores ou melhores, são competitivas; o controle é mantido por uma estrutura de poder hierárquica; têm fortes necessidades de status, privilégios e reconhecimento dos administradores; pode degenerar em burocracia.

Empresas operando em qualquer um dos três primeiros níveis de consciência indica que as lideranças estão atuando movidas pelos medos.

5.1 VOCÊ NEGOCIA MUITO? MAU SINAL: VOCÊ SÓ NEGOCIA PORQUE NÃO CONFIA

Para as empresas – e pessoas que operam nos três primeiros níveis de consciência –, a negociação é a principal ferramenta para a resolução dos conflitos. Ainda que a negociação seja considerada a alternativa (civilizada) à força, não se pode deixar de considerar uma verdade incômoda: só negociamos porque não confiamos no outro. E isso é verdadeiro para *todas as negociações* que fizemos e faremos na vida, inclusive com aquelas pessoas acima de qualquer suspeita, como mãe e pai.

Simplificadamente, negocio porque não tenho certeza de que meu interlocutor[62] está tão orientado, *também*, em relação aos meus interesses, que poderia deixar que ele decidisse em meu nome. Quando não tenho essa certeza, vou negociar. Isso vale para negociações vultosas e para as prosaicas: quando um casal negocia aonde jantar, por exemplo. Ele e ela confiam profundamente um no outro para muitas coisas importantes, mas, nesse momento, nenhum dos dois deixa a escolha do que comer na mão do outro. Tecnicamente, há desconfiança aqui. E se chegarem a um impasse, poderão ir para a praça de alimentação de um shopping, onde a oferta é variada e os dois poderão comer o que quiserem!

Outro exemplo: um pai negociando com um filho jovem o horário da volta da balada. Nenhum dos dois deixa a decisão

---

62. Faria uma enorme diferença se eu, aqui, o chamasse de adversário...

na mão do outro, isso porque sabem que os valores que estão determinando os respectivos comportamentos são antagônicos: o pai quer que o filho volte cedo pois está preocupado com a *segurança dele*; já o filho quer retornar o mais tarde possível, porque quer usufruir ao máximo da experiência – ele está orientado por um valor: *prazer*. Segurança e prazer são, na maioria das vezes, incompatíveis. Resultado: muita negociação, impasses, carteirada e, talvez, uma solução meio a meio: os dois lados vão ceder alguma coisa, o que, definitivamente, não é o melhor resultado, pois podem ficar com gosto de perde/perde.

É fundamental, entretanto, distinguir níveis de confiança. Por exemplo: confio plenamente na qualidade do produto do meu fornecedor. Confio, também, nos prazos de entrega. Tenho absoluta confiança na presteza e confiabilidade da assistência técnica. Mas, não estou seguro de que o preço e as condições de pagamento são as melhores que ele pode apresentar. Desconfio, portanto, daquilo que ele me apresenta. Vou negociar para cortar toda a "gordura" que imagino separa o preço que ele me pede daquilo que é justo pelo que ele entrega – "a carne". O mesmo se aplica à negociação entre pai e filho acima: pode haver muita confiança entre eles para outras coisas muito importantes.

5.2 COMO CONSTRUIR PARCERIAS QUE FUNCIONAM

O desafio, construir uma relação de confiança que vai ocupar o lugar da negociação. E a construção começa com a abertura. Mas, tanto para as relações interpessoais, como para as comerciais, antes da abertura é preciso haver autoconfiança. Esquematicamenteole ao lado.

A autoconfiança é necessária porque vou me abrir e/ou vou disponibilizar informações. Portanto, estou correndo riscos: talvez não tenha nenhuma ou pouca garantia do que o outro vai fazer com aquilo que estou compartilhando. Como há risco, só conto comigo mesmo: a autoconfiança – a capacidade que tenho de correr riscos pessoais ou em nome da minha organização.

Abertura & confiança

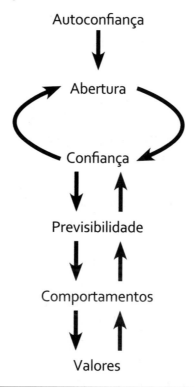

FIGURA 13

A confiança é transformadora: "Confiar modifica tanto a pessoa em quem se confia como a pessoa que confia" (Flores, 2002). A abertura é contagiante: ela gera confiança. Forma-se um círculo virtuoso: quanto mais confiança, mais abertura e assim por diante.

Definida como previsibilidade, a confiança me permite antecipar o comportamento do outro e conhecer o cenário onde me encontro e isso é possível porque sei quais são os valores que determinarão sua conduta, e isso é fundamental: se os seus valores coincidem com os meus, fazemos parte de uma comunidade de valores.

A abertura tem riscos? Sim. De fato, o outro pode não corresponder à confiança que demonstrei e usar as informações que compartilhei contra mim. Todavia, não há outra forma de gerar confiança senão por meio da abertura.

Quando essa construção está feita, a necessidade de negociação é mínima ou nenhuma. Posso deixar que o outro decida em meu nome.

Retomando a fala de Jeffrey Immelt, confiar significa abrir mão – total ou parcialmente – do controle, permitindo que o outro tome decisões que vão afetar nossas vidas.

5.3 O MARCO FILOSÓFICO CUMPRE REALMENTE SEU PAPEL?

Este é um campo ainda a ser pesquisado no Brasil. Não existem pesquisas sobre o impacto das declarações de visão e missão sobre a motivação dos funcionários.

Entretanto, considerando a natureza dos MFs pesquisados, acredito que seu impacto é pequeno ou mesmo nulo.

Mas dispomos de informações de uma outra realidade e podemos inferir o que ocorre no Brasil. Recentemente, o Instituto Gallup divulgou uma pesquisa[63] feita nos EUA sobre o tema. Denise Delahanty, consultora do Gallup, analisou os resultados do estudo e concluiu que muitas empresas "têm dificuldade em motivar os funcionários com suas declarações de missão (...). Esta experiência (...) indica que apenas pouco mais de um terço dos trabalhadores norte-americanos concorda fortemente que a missão ou o propósito da sua empresa os faz sentir que seu trabalho é importante".

A mesma pesquisa indica que em ambientes de produção, o desafio é ainda maior: o percentual de operários que concorda plenamente com essa afirmação é dez pontos percentuais menor do que o dos trabalhadores norte-americanos em geral.

A autora, entretanto, não concorda com aqueles que desdenham do potencial motivador das missões. Ela acredita que operários podem ser inspirados até mesmo apaixonadamente. Mas a questão é que "a missão que os motiva não é necessariamente a que os

---

63. Gallup: <http://www.gallup.com/businessjournal/181175/factory-workers-don-care-company-mission.aspx>, 16 jan. 2015.

A cultura e a internet das coisas

líderes da empresa ou equipes de comunicação pregam na parede. O problema é que a maioria dos líderes pensa na dimensão global, enquanto a maioria dos trabalhadores sente as questões da dimensão local", relacionadas à comunidade onde vivem.

Segundo a autora, em outros estudos, as questões que os mobilizam dizem respeito à capacidade de "ter uma boa vida e cuidar da minha família"; "contribuir para o bem-estar da comunidade local"; o orgulho de "ver todas as equipes esportivas locais patrocinadas" pela empresa. E o medo do fechamento da empresa, porque "nossa cidade iria murchar". Eles diziam lutar "com unhas e dentes para ter certeza de que, quando a empresa estava decidindo fechar uma de suas fábricas, não seria a nossa". "Nós trabalhamos (...) para nos certificar de que estávamos fazendo tudo o que podíamos para ser a fábrica mais eficiente. Fabricar os melhores produtos, fazer nossos clientes felizes".

Esta pesquisa, somada à experiência da autora, indica que as pessoas, assim como a maioria das empresas, estão olhando só para o próprio umbigo. Usando os níveis de consciência do Barrett, podemos classificar as motivações dos operários como tipicamente de Nível 1 – Sobrevivência e Nível 2 – Relacionamentos. A preocupação com a eficiência que aparece no último depoimento, é um valor de nível 3. Já a orientação para o cliente é também de Nível 2.

Preconizo que as visões e missões de níveis 1, 2 e 3 não são motivadoras porque focam o "umbigo" das empresas e operam no nível higiênico e não motivacional. As visões capazes de fazer brilhar os olhos das pessoas, são aquelas de níveis mais elevados de consciência, de 4 a 7.

Para entender essa distinção, precisamos recorrer às ideias de um dos grandes teóricos da motivação humana, Frederick Herzberg. Sua grande contribuição foi distinguir duas condições relacionadas ao comportamento humano: o que é satisfação e o que é motivação. Os fatores que causam satisfação, ele os chamou de fatores de higiene, e os outros, os fatores motivadores. Os fatores de higiene dizem respeito às condições ambientais de trabalho, ao relacionamento com as pessoas, à segurança e à remuneração. Já os fatores de motivação referem-se às possibilidades de crescimento, desenvolvimento, responsabilidade, reconhecimento e realização.

Quando juntamos os fatores de higiene e motivação, podemos ter diferentes combinações: as pessoas podem estar satisfeitas, mas não motivadas; motivadas e não satisfeitas; satisfeitas e motivadas; e, insatisfeitas e não motivadas. Em termos práticos, alguém pode estar satisfeito com a remuneração, mas desmotivado pela pobreza dos desafios que lhe são propostos; ou, alguém mal remunerado, mas que está empenhado em um projeto desafiador.

Como então mobilizar as pessoas que estão olhando para o próprio umbigo? O desafio não é pequeno, nem fácil. Milhões de trabalhadores ao redor do mundo realizam tarefas repetitivas, monótonas e cansativas. Se para motivar as pessoas dependermos da natureza *intrínseca* do trabalho, não vamos ter muito sucesso, porque ele é naturalmente pobre de desafios à inteligência e ao engenho delas.

Os depoimentos colhidos pela consultora propõem um desafio à organização e à liderança: como os trabalhadores parecem estar mais focados nas questões locais, vale dizer, nas necessidades que os afetam diretamente, seu comprometimento com valores e níveis de consciência mais elevados dependerá da garantia de que suas questões básicas sejam atendidas. O que eles estão dizendo é: cuidem de mim que cuidarei do produto e do cliente.

5.4 O QUE QUEREM AS PESSOAS REALMENTE?

Uma outra leitura sobre as necessidades e motivações humanas nos é dada por Will Schutz[64]. Na sua conhecida teoria *tridimensional* FIRO[65], ele afirma que buscamos atender a três necessidades nas nossas relações interpessoais: sentirmo-nos importantes, competentes e benquistos.

Para ele, sinto que sou *importante* quando faço diferença na vida das pessoas. Elas valorizam a minha presença, notam a minha

---
64. Criador da Teoria Tridimensional – Firo.
65. FIRO – Fundamental Interpersonal Relations Orientation.

ausência e sentem minha falta. A materialização desse sentimento se dá pela inclusão, ou seja, maior participação, mais acesso à informação e a certeza de ter um lugar garantido.

Sinto que sou *competente* quando sou capaz contribuir para o desempenho conjunto e as pessoas podem contar comigo para obter os resultados esperados. A materialização desse sentimento ocorre pelo exercício do controle, ou seja, dos desafios, responsabilidades e autonomia que conquisto. Como consequência, elogios, prêmios, aumentos salariais e promoções.

Sinto que sou *benquisto* quando consigo estabelecer uma relação de confiança com as pessoas. Sou aberto ao diálogo e elas se sentem à vontade para me dizer o que pensam e sentem. Quanto maior for a abertura, maior será a confiança. A pergunta-chave que Schutz sugere para testar essa dimensão é: gosto de quem sou quando estou com a pessoa X? Com o grupo Y? E nesta empresa? Se as respostas forem positivas, é uma evidência de que a relação é de abertura, confiança e intimidade, e desperta o melhor em mim.

Alguém já disse que a "motivação é uma porta que só se abre pelo lado de dentro". O líder que bater nessa porta precisa conhecer quem está dentro e sinalizar para ele aquela oferta específica que vai levá-lo a abrir a porta e vir para o jogo. Essa é uma metáfora interessante, mas não podemos perder de vista que as pessoas acabam por "abrir a porta" – e esse é o caso dos trabalhadores mencionados pela consultora do Gallup –, mas muitas vezes o fazem pelas *suas razões* e não necessariamente para corresponder aos estímulos do líder.

Como líder, se quiser motivar as pessoas na direção do marco filosófico, é preciso gerenciar essas dimensões:

- Inclusão: a comunicação deve clara e inspiradora, a participação das pessoas deve ser valorizada e efetiva, resultando em mobilização.
- Controle: a delegação efetuada deve considerar que o grau de competência das pessoas esteja à altura dos desafios que proponho. Preciso também proporcionar coaching e

acompanhamento, para que elas possam manter o foco e garantir as entregas.
- Abertura: o líder precisa manter o diálogo aberto e a prática constante de feedback de mão dupla. Assim, as pessoas não terão fantasias acerca do que o gestor pensa sobre seu trabalho e sobre a convivência com elas.

Acredito que as pessoas podem ser mobilizadas por visões do futuro que transcendam meramente resultados financeiros e/ou posições em rankings de crescimento e tamanho. Todavia, é ingenuidade acreditar que a insegurança constante em relação ao emprego, por exemplo, possa conviver com motivações transcendentes. Somente os revolucionários românticos são capazes de tal desprendimento. Mas hoje eles são uma raça quase extinta.

Se as relações no trabalho atenderem a essas três dimensões, poderemos ter certeza de que é possível produzir MFs motivadores.

5.5 OS SONHOS BRASILEIROS

> "Tudo o que o homem constrói foi antes construído dentro de sua alma."
> **Nizan Guanaes**

Todas as visões começam com um sonho. É ele que mobiliza o imaginário, galvaniza as pessoas que, alinhadas em torno do mesmo projeto, podem colocar sua energia para transformá-lo em realidade.

Infelizmente, poucas vezes um sonho mobilizou grandes parcelas da nossa população.

O único governante que formulou uma visão poderosa foi Juscelino Kubistchek. Seu programa de governo, que focava a industrialização, a construção de estradas, ferrovias e a construção de Brasília – como parte de um processo de interiorização do desenvolvimento –, se deu sob a visão "50 anos em 5". A visão estabelecia a urgência requerida para transformar a economia do país, até então eminentemente agrária, sustentada principalmente pela exportação do café.

Apesar do alto preço pago, Juscelino mudou o Brasil. Criou um clima de esperança que se manifestou também nas artes – são dessa época a bossa nova e o cinema novo – e no esporte: o Brasil se livrava do "complexo de vira-latas", cunhada por Nelson Rodrigues para expressar o sentimento decorrente da perda da Copa de 1950. Sua imagem – sempre risonho, expressando alegria, descontração, ora dançando, ora ouvindo serestas, criava uma moldura de otimismo sobre o futuro do país.

Mais recentemente, uma visão mobilizou parcelas significativas da população brasileira. Em 1993, nasce a Ação da Cidadania[66], por iniciativa do sociólogo Herbert de Souza, o Betinho, na sequência de uma grande mobilização da sociedade por causa do Movimento pela Ética na Política, manifesto que liderou o pedido de impeachment do presidente Collor. Segundo Betinho, "a motivação fundamental da Ação da Cidadania era a certeza de que democracia e miséria eram incompatíveis. A indigência havia alcançado níveis alarmantes, agravando ainda mais o quadro de pobreza que sempre caracterizou a realidade brasileira". Betinho e vários artistas e personalidades foram à TV e aos jornais estimular cada brasileiro a fazer o que estivesse ao alcance de cada um para resolver o problema da fome no país. E, a partir de uma carta, denunciaram a fome e a miséria de milhões de brasileiros como os principais problemas do país. Foi essa carta, chamada de "Carta de Ação da Cidadania", que deu oficialmente origem ao movimento de Ação da Cidadania Contra a Fome, a Miséria e Pela Vida.

O símbolo mais visível desse movimento foi expresso por uma visão poderosa: *Natal sem fome*. Em 1993, foi realizada a primeira grande campanha de arrecadação de alimentos promovida pela Ação da Cidadania. No primeiro ano do *Natal sem fome*, foram arrecadadas 580 toneladas de alimentos que beneficiaram 290.000 pessoas em

---

66. Informações obtidas no site <http://www.acaodacidadania.com.br/>.

O poder de uma visão inspiradora

situação de miséria. Os alimentos foram distribuídos entre os 75 comitês cadastrados na Ação da Cidadania, no ano de 1993.

As ações de caridade, que sempre existiram no país, para distribuir alimentos e roupas, jamais tiveram a força e o poder mobilizador do movimento iniciado por Betinho. Não era um religioso ou um cidadão caridoso que se mobilizava para saciar a fome dos miseráveis. Era um sociólogo, com uma histórica militância na esquerda que nos autorizava e mobilizava para garantir, ao menos, uma ceia de natal para os pobres. Não importavam os outros dias, mas naquela que é a mais simbólica das mesas, não deveria faltar comida.

Hoje, a Ação da Cidadania afirma: *Há muitas formas de fome. A Ação da Cidadania combate a todas.*

Sob pena de cometer injustiças, não consigo me lembrar de nenhuma outra grande e mobilizadora visão que tenha tocado os corações e as mentes dos brasileiros nos últimos setenta anos.

Conclusão

"(...) criar valores sólidos – e manter-se fiel a eles – exige muita coragem. Na verdade, uma organização que esteja pensando em seguir esse caminho precisa, de saída, aceitar o fato de que, quando adequadamente praticados, os valores implicam sofrimento. Fazem com que alguns funcionários se sintam párias. Limitam a liberdade estratégica e operacional de uma organização e expõem executivos a uma crítica pesada, até mesmo em casos de violações insignificantes. E exigem vigilância contínua."

PATRICK LENCIONI

A importância da formulação de um MF é óbvia demais e novos argumentos estão dispensados.

O que, infelizmente, não parece óbvio para a maioria das empresas, é que só vale a pena gastar tempo e dinheiro se a liderança estiver realmente disposta: a) a mergulhar fundo no entendimento da cultura da organização; b) refletir sobre as mudanças culturais necessárias; c) traduzir essa cultura em um marco filosófico, conforme o modelo que apresentei; e d) usar o MF como o guia para todas as transformações necessárias na cultura organizacional.

Ter um MF não é mais exclusividade das grandes organizações. Encontro MFs em todo tipo de empresa, de um lava a jato a uma pequena academia de artes marciais na periferia de São Paulo. Isso o caracteriza como um modismo e a evidência é como algumas empresas o constroem: conheço casos em que a redação foi delegada a agências de propaganda ou de comunicação. Por experiência própria, sei que o processo que culmina na sua redação é a parte mais importante da sua construção; é o momento em que os líderes são confrontados com suas crenças e valores mais profundos; é, verdadeiramente, um momento de (re)construção de um time e, portanto, não pode ser tratado como a redação de uma peça publicitária.

A esse propósito, Lencioni é taxativo: "Muitas declarações de valores são amenas, ineficazes ou simplesmente desonestas. E, ao contrário do que alegam alguns executivos, não são inofensivas. Podem ser altamente destrutivas: declarações de valores vazias geram funcionários desestimulados e cínicos e clientes alienados e minam a credibilidade dos dirigentes da empresa".[67]

67.*Harvard Business Review*. Este artigo foi originalmente publicado com o titulo *Make your values mean something*, de Patrick M. Lencioni, em julho de 2002.

Bibliografia

ALEXANDER, Caroline. *Endurance*. São Paulo: Companhia das Letras, 1998.
BERGAMO, Mônica. *Folha de S.Paulo*, 30 maio 2015.
COLLINS, Jim. *Empresas feitas para vencer.* Rio de Janeiro: Editora Campus, 2001.
Estratégias para aprender com o erro. Harvard Business Review. Watertown: *Harvard Business Publishing*, abr. 2011.
FLORES, Fernando; SOLOMON, Robert C. *Construa confiança –* nos negócios, na política, na vida. São Paulo: Record, 2002.
FUKUYAMA, Francis. *Confiança –* as virtudes sociais e a criação da prosperidade. Rio de Janeiro, Rocco, 1996.
HARARI, Yuval Noah. *Sapiens –* uma breve história da humanidade. Porto Alegre: L&PM Editores, 2015.
IANSITI, Marco; LAKHANI, Karim R. Onipresença digital. *Harvard Business Review.* Watertown: Harvard Business Publishing, nov. 2014.
JARRÍN, A. *De la revolución industrial a la evolución empresarial.* Caracas: Creating, 2008.

LEONCINI, P. M. Make your values mean something. *Harvard Business Review*. Watertown: Harvard Business Publishing, jul. 2002.

LEVITT, Theodore. Miopia em marketing. *Harvard Business Review*. Watertown: Harvard Business Publishing, jul. 1960.

LORES, Raul Juste. No país das highways, o uso do carro patina. *Folha de S.Paulo*, 29 jun. 2014.

NALEBUFF, A. M.; BRANDENBURGER, A. M. *Co-opetição*. Rio de Janeiro: Rocco, 1996.

NORTON, David P; KAPLAN, Robert S. *Organização orientada para a estratégia*. São Paulo: Campus, 2001.

OLIVEIRA, Marco A. *A face oculta da empresa – como decifrar e gerenciar a cultura corporativa*. Rio de Janeiro: Senac Editora, 2009.

PERKINS, Dennis N. T. *Liderança no limite*. São Paulo: Makron Books, 2000

PIAUÍ, n. 98, nov. 2014.

PINHO TAVARES, Maria das Graças. *Cultura organizacional – uma abordagem antropológica da mudança*. Rio de Janeiro: Qualitymark Editora, 1991.

PORTER, Michael; HEPPELMANN, James E. Como os produtos inteligentes e conectados estão transformando a competição. *Harvard Business Review*. Watertown: Harvard Business Publishing, nov. 2014.

SANT'ANNA, Ivan. *Caixa-preta*. Rio de Janeiro: Editora Objetiva, 2000.

SILVA, D. D. *A vida íntima das palavras*. São Paulo: Arx, 2002.

SOLOMON, Andrew. *Longe da árvore – pais, filhos e a busca da identidade*. São Paulo: Companhia das Letras, 2013.

TALEB, Nassim Nicholas. *Antifrágil – coisas que se beneficiam com o caos*. Rio de Janeiro: Best Seller, 2014.

THE ECONOMIST. A sucessão serena. *O Estado de S. Paulo*. São Paulo, 28 maio 2015.

ZIMMERMAN, J. W. *A estratégia da alta gerência – o que é e como fazê-la funcionar*. São Paulo: Zahar, 1982.